Johann Wilhelm Treiber

Über den Ursprung der alten Herren Grafen von Kefernburg

und jetzigen Herren Fürsten v. Schwarzburg

Johann Wilhelm Treiber

Über den Ursprung der alten Herren Grafen von Kefernburg
und jetzigen Herren Fürsten v. Schwarzburg

ISBN/EAN: 9783742890399

Hergestellt in Europa, USA, Kanada, Australien, Japan

Cover: Foto ©ninafisch / pixelio.de

Manufactured and distributed by brebook publishing software
(www.brebook.com)

Johann Wilhelm Treiber

Über den Ursprung der alten Herren Grafen von Kefernburg

Ueber

den Ursprung

der

alten Herren

Grafen von Kefernburg

und

jetzigen Herren

Fürsten v. Schwarzburg.

Zur Berichtigung der älteren Schwarzburgischen
Geschichte.

von

Johann Wilhelm Treiber,

Com. Palat. Caes. und Fürstl. Schwarzb.
Rathe.

Jena,
in der akademischen Buchhandlung.
1787.

Vorbericht.

Dem Ursprunge der alten Herren Grafen von Kefernburg und jetzigen Herren Fürsten von Schwarzburg so weit, als möglich, nachzuspähen, besonders aber die bisherige fast allgemeine Meinung von der Fränkischen Abstammung derselben critisch zu untersuchen, veranlaßete mich ein hoher Befehl, welchen zu befolgen ich mir, wie allezeit, so besonders auch diesmahl, zu vorzüglicher Ehre rechnete.

Die gegenwärtige Abhandlung war also nicht zur öffentlichen Bekanntmachung, sondern lediglich zur Befriedigung der rühmlichen Wißbegierde eines eben so liebens- als verehrungswürdigen

* 2   Herrn

Herrn von hohem Stande geschrieben, welcher, durch seine schon von Jahren her bezeigte Philomathie, es bereits zu einem bewundernswürdigen Grade der Polymathie gebracht hat.

Warum sie aber jetzo, nach einigen Veränderungen, Nachträgen und Verbeßerungen, gleichwohl noch im Drucke erscheinet, darzu habe ich mehr denn Eine bewegende Ursache.

Die erste ist, daß ich zur öffentlichen Bekanntmachung aufgefordert worden. Besonders that dieses einer meiner ältesten Freunde und Gönner, der Herr Senior D. Mosche zu Frankfurt am Mayn, ein gebohrner Schwarzburger, dem ich diese Schrift, in hergebrachtem Vertrauen, zur Prüfung mittheilte, ein Mann, der nicht nur durch Bekleidung eines der ansehnlichsten Aemter unserer evangelischen Kirche seinem Vaterlande in der Ferne Ehre macht, sondern deßen gründliche Gelehrsamkeit auch bereits öffentlich entschieden, und deßen Nahme dem gelehrten Publicum

schon

schon vorlängst ehrenwerth ist. Dieser ermahnte mich darzu mit folgenden Worten:

Er bäte mich, aus Liebe zum Vaterlande und zur Wahrheit, recht sehr, daß ich das, was ich mit so vieler Mühe von der Kefernburgischen Geschichte gesammlet und ausgearbeitet hätte, den Freunden einer gründlichen Ausführung historischer Wahrheiten nicht mißgönnen, sondern zur Berichtigung der ältern Schwarzburgischen Historie herausgeben mögte rc.

Demnächst aber wünsche ich auch selbst, in meinen Behauptungen entweder bestärkt, oder gründlich widerlegt zu werden. Das leztere wird mir so angenehm, als das erstere seyn; Wie ich denn in dieser Absicht alle Schwarzburgische Compatrioten, gelehrten Standes, bescheidentlich darum ersuche.

End-

Endlich mögte mir zwar der Vorwurf gemacht werden, daß ich die Meinung von der
Fränkischen Abkunft, die doch bisher fast allge-
meinen Beyfall gehabt, in meiner Abhandlung
nur widerlegt und verworfen, gleichwohl aber keine andere und beßere, von gleichem Zeitalter,
dafür aufgestellet hätte.

Ist es aber, so viel das erstere betrift, schon
überhaupt die Obliegenheit eines jeden Gelehrten, und besonders des Geschichtforschers, alles
historische Unkraut ohne Nachsicht auszujäten,
und dadurch zu verhindern, daß es nicht weiter
fortwachse; So ist es gewiß noch mehr die
Pflicht eines Patrioten, eben dieses in der besonderen Geschichte seines Vaterlandes zu leisten.
Und thäte er auch nichts mehr, als nur eben dieses; So ist auch dies alleine schon Verdienst.

Dem andern Vorwurfe aber glaube ich bereits in der Abhandlung selbst, (§. XLVIII.
XLIX.) mit den Worten des gelehrtesten und
weisesten unserer jezt lebenden Könige, hinlänglich

lich begegnet, auch insonderheit, im VII. Abschnitte, die Ursachen dargeleget zu haben, warum man in den Geschlechts-Registern der teutschen hohen Häuser selten nur bis an die Zeiten
Kayser Conrads II. hinauf steigen, noch selte-
ner also in die höheren Jahrhunderte mit Zuverläßigkeit eindringen könne. Denn die damahlige
Beschaffenheit des Lehnswesens, so wie sie §.
LXV. LXVI. beschrieben ist, erschweret nicht
nur dergleichen Untersuchung, sondern vereitelt
sie auch wohl gar.

Fabeln und Muthmaßungen erfüllen daher
den Anfang fast aller Geschichte und Genealogien,
auch der größesten Häuser, in Teutschland. Allenthalben mangelt es an den Zeugnißen gleichzeitiger Geschichtschreiber und bewährter Urkunden.
Und durch verschloßene Thüren ist schwer hindurch
zu dringen. Mit blosen Muthmaßungen aber
das Publicum gleichsam benebeln zu wollen,
würde desto unverantwortlicher seyn, je weniger
dergleichen Träumereyen für Wahrscheinlichkei-

ten

ten sich verkaufen laßen, weil ihnen die nach der
Vernunftlehre hierzu nöthigen innerlichen Erfor-
derniße fehlen.   Und wer einem großen Herrn,
besonders einem Wahrheitforschenden Prinzen,
entweder aus Schmeicheley, oder doch ohne hin-
länglichen Grund, dergleichen blendende Tradi-
tionen, oder vielmehr historische Undinge, gleichwohl dreuste auftischet, der handelt in den Augen eines jeden Wahrheits-Freundes und beße-
ren Kenners eben so respektswidrig und sträf-
lich, als derjenige, welcher einen solchen Herrn
mit Unwahrheiten vorsezlich hintergehet.

Aus Liebe zum Vaterlande und aus unter-
thänigster Ehrfurcht gegen das durchlauchtigste
gesamte Haus Schwarzburg setze ich immittelst zwanzig Louisd'or demjenigen Gelehrten — er sey ein Schwarzburger oder Auslän-
der — zum Prämium aus, welcher das hohe
Geschlecht der Herren Fürsten von Schwarzburg, in einer geketteten Reihe, bis zu einem
Stammvater in das sechste, siebente oder
auch

auch nur achte Jahrhundert der christlichen
Zeitrechnung hinauf führen, und dieses
Stamm = Register, von Generationen zu
Generationen, mit den darzu erforderlichen
Beweisthümern aus gleichzeitigen bewährten
Geschichtschreibern, oder ächten Urkunden,
gehörig unterstützen wird.

Nur wird er die höheren Ahnen, über das
zwölfte und eilfte Seculum hinaus, nicht in den
Grafschaften, Kefernburg und Schwarzburg —
wenigstens in diesen nicht alleine — sondern auch
in andern Gauen und Districten Teutschlandes,
aufsuchen und darzu insonderheit die Briefgewöl=
be der Stifter und Clöster benutzen müßen, wie
ich unten (§. LXXVI.) hoffentlich nicht ohne
Grund, angerathen habe.

Welche Freude, welche Zufriedenheit würde
mir diese gelehrte Entdeckung seyn!

* 5   Die

Die Zeit zu Verdienung dieser Ehren-Be-
lohnung bestimme ich bis zum Ende des zu-
künftigen Jahres 1787, dergestalt, daß,
wenn ich auch, bey meinem Alter, jene
Freude nicht erlebte, meine Erben jedoch aus
diesem der gelehrten Republic gethanen Verspre-
chen nichts desto minder gehalten und verbunden
seyn sollen.

Geschrieben Arnstadt, den 31. July 1786.

Joh. Wilhelm Treiber.

Inhalt.

I. Abschnitt.

II. Abschnitt.

III. Abschnitt.

IV. Abschnitt.

V. Abschnitt.

**

Inhalt.

========

Ueber den Ursprung
der alten
Herren Grafen von Kefernburg
und jetzigen
Herren Fürsten von Schwarzburg.

I. Abschnitt.

Die vermeinte Abstammung von den alten Frän-
kischen Königen überhaupt.

§. 1.

Ueber den Ursprung der alten Herren Grafen von Kefernburg und von Schwarz-burg haben sowohl inn = als ausländische Geschichtschreiber ihre Meinungen sehr verschiedentlich geäussert; Keiner aber hat die Seinige mit den nöthigen genealogischen und historischen Beweisthümern zu unterbauen vermogt. Von hoher Hand wurden mir daher vor einiger Zeit die Fragen vorgeleget:

Ob nicht wenigstens Eine derselben das Gepräge der Wahrscheinlichkeit an sich trage? Und welche?

A　　　　　　Ob

Ob insonderheit aus denjenigen Wapen = Figuren, welche auf einigen alten Kefernburgischen Siegeln ersichtlich sind, eine Abstammung von den alten Fränkischen Königen mit Zuverläßigkeit hergeleitet werden könne?

Dabey denn mit sehr gutem Grunde vorausgesetzet wurde, daß, was hierunter zum Vortheil des Hauses Kefernburg zu behaupten sey, nothwendig auch von dem Schwarzburgischen gelten müsse; weil beyde Häuser an dem Grafen Sizzo II. im zwölften Jahrhundert einen gemeinschaftlichen Stammvater unstreitig gehabt haben.

§. II.

Ich, als der glaubwürdigste Kenner meiner Kräfte, hätte hier Ursach, derselben Unzulänglichkeit zur Beantwortung solcher critischer Fragen offenherzig zu gestehen. Es wird mir aber mehr geziemen, statt dessen einen reinen Gehorsam mit dem mir gewordenen gnädigsten Befehle, ohne Widerrede, zu verbinden, solte auch die Ausführung selbst sehr unvollkommen ausfallen.

§. III.

Nur würde ich die Gränzen, die ich mir zu dieser Abhandlung vorgestecket habe, zu weit überschreiten, wenn ich alle die Meinungen, welche ehedem

Georg Rüxner, ein Reichs = Herold zu Maximilians I. *) Zeiten,

Cyrtax

*) Dieser Georg Rüxner, sonst Jerusalem genannt, wird

Cyriax Spangenberg, ein berühmter Hiſtoricus,
Lorenz Peckenſtein, ein gleichfalls bekannter
Sächſiſcher Geſchichtſchreiber,

Und alle deren Anhänger,

geheget haben, alhier wörtlich einrucken und iede beſonders widerlegen wolte. Beym Lichte betrachtet, ſind ſie
auch einer ſolchen Widerlegung nicht einmahl würdig;
weil ſie theils auf bloſen Fabeln und Erdichtungen be-
ruhen, theils aber, wenn ſie auch einigen Schein der
Wahrheit für ſich hätten, dennoch mit zu vielen Zu-
ſätzen und allzu gewagten Muthmaßungen durchwebet
ſind, aber auch um deswillen von andern gelehrten
Männern ſchon gründlich genug widerleget worden.

§. IV.

Ich will daher nur diejenige Meinung, welche in
den neuern Zeiten

A 2

Paul

wird zwar von einigen als Herold bey Pfalzgraf Johan-
nen zu Simmern, und von andern als Herold am Bay-
riſchen Hofe, angegeben;

    S. Altes aus allen Theilen der Geſchichte, B. I.
    S. 360. u. ff.

Allein beydes ſchließet das dritte nicht aus. Er kan vor-
her an beyden Höfen geweſen, und doch zulezt auch als
Reichs-Herold geſtorben ſeyn.

    Jöchers Gelehrten-Lexicon, voc. Rüxner.

    Imman. Weberi Diſſertatio plenior et exactior de *Co-*
mitum Schwarzburgicorum origine — in *Ayrmanni*
Sylloge Anecdotor. pag. 503. ibi: *Georgius Rix-*
nerus — tempore *Maximiliani I. fecialis imperialis*
munere functus eſt.

Paul Jovius, und mein ſeeliger Grosvater,
der Rektor Treiber, ingleichen
Heydenreich, und andere
in öffentlichen Schriften geäuſſert haben,

Daß nehmlich das alte Geſchlecht der Herren Grafen von Kefernburg und von
Schwarzburg ſeinen Urſprung den alten
Fränkiſchen Königen zu verdanken habe,
um deswillen zu erörtern ſuchen, weil doch dieſe Meinung bey allen nachherigen Geſchichtſchreibern den vor-
züglichſten Beyfall gefunden, ſich auch bey dieſem Vor-
zuge bis auf gegenwärtige Zeit erhalten hat, und Je-
dermann ſein Augenmerk hauptſächlich auf dieſe Meinung zu richten pfleget.

§. V.

Die Gründe, worauf Jovius und ſeine Nachtreter
ihre Meinung bauen, ſind folgende:

In den alten Kefernburgiſchen Siegeln zeige ſich ein
menſchliches Geſicht mit einer aufhabenden
Crone; und dieſes ſey ſchon ein ſicheres Kennzei-
chen einer königlichen Abſtammung.

Auf einem andern Kefernburgiſchen Siegel ſtünden
auch zwo Lilien, welches das Wapen der Könige
in Frankreich ſey.

Nach dem Zeugniſſe Bernhard Herzogs in ſeiner
Elſaſſiſchen Chronik habe der Fränkiſche König,
Lotharius I. ſechs Söhne gehabt, und darunter
einen mit Nahmen: Guntharus.

Dieſem

Dieſem Gunthar ſey in Frankreich keine gewiſſe
Herrſchaft zugetheilet geweſen, und daher wahrſcheinlich, daß er hier in Thüringen entweder mit
einem gewiſſen Striche Landes abgefunden, oder
doch wenigſtens zum königlichen Statthalter darüber geſetzet worden wäre.

Eben dieſer Gunthar, — oder doch einer ſeiner
Nachkommen — habe nun das Schloß Refernburg
erbauet, und daſſelbe um deswillen alſo benennet;
weil die Könige von Frankreich ſchon vorhin
ein Schloß in Lotharingen erbauet gehabt und
daſſelbe Refermont genennet hätten *).

A 3   Und

*) Man giebt nehmlich dem Worte: Refer, bald die Be-
deutung des bekannten Mayen-Inſekts, Käfer; bald
aber ſoll es auch ſo viel, als den Refer- oder Riefer-
baum bedeuten. Auf ſolche Art wär alſo die Benennung
des Fränkiſchen Schloſſes, Refermont halb aus der
teutſchen — und halb aus der alten romaniſchen oder alt-
fränkiſchen Sprache zuſammen geſezt. Läßt ſichs aber
wohl denken, daß die Fränkiſchen Könige dieſes ihr Schloß
mit einem ſolchen Zwitter-Worte oder Zwitter-Nahmen
beleget haben ſolten? Andere glauben daher, jenes Fränkiſche Schloß habe nicht Refermont, ſondern *Chevremont*, d. i. Ziegenberg, geheißen; Welches auch viel
wahrſcheinlicher iſt. Denn *Otto Friſingenſis* L. VI.
Chron. cap. 19, ingleichen der Autor Chronici Magni
Belgici ad an. 972. nennen daſſelbe ausdrüklich *Capri-
mons*, oder *Capraemons*.
Wann demnächſt dieſes Fränkiſche Schloß ſchon vorhin, nehmlich vor Gunthárn, mithin noch von einem
Merovingiſchen Könige, erbauet worden ſeyn ſoll; So
hies,

Und dieſer Gunthar ſey nun eben der Stammvater
der alten Herren Grafen von Kefernburg und
von Schwarzburg.

Dieſes beſtätige ein altes Bild, welches auf dem alten Schloſſe, Kefernburg, noch vor deſſen gänz-
lichem Verfalle, ſey gefunden und von dort hieher
nach Arnſtadt gebracht worden, auch noch jetzo in
dem hieſigen Archive aufbewahret werde. Denn
dieſes Bild habe nicht nur die Ueberſchrift:
    Genealogia Comitum Kevernbergenſium;
                        ſondern

hieß die Provinz, in welcher es lag, zur Zeit ſeiner Er-
bauung, nicht Lotharingen; denn dieſen Nahmen bekam Lothringen erſt unter den Carolingern vom Lothar II.
als welchem ſolches von ſeinem Vater, Lothar I, in der
zwiſchen ihm und ſeinen Brüdern gemachten Theilung zu-
geſprochen und von den Belgiern Lothars Ryk genennet
wurde, woraus eben der nachherige Nahme: Lothringen, entſtanden ſeyn ſoll.

Ob nun wohl dieſes Lothariſche Reich damahlen von ſo
weitem Umfange war, daß es Germaniam primam et ſe-
cundam, ingleichen Belgicam primam und einen Theil
von Belgica ſecunda in ſich faſſete, folglich als ein Theil
des Königreichs, Auſtraſien, anzuſehen war; So lag
doch jenes Fränkiſche Schloß, *Chevremont*, oder Capraemons, eigentlich nahe bey Lüttich, folglich in dem Kir-
chenſprengel des daſigen Biſchofs, als von welchem auch
daſſelbe um das Jahr 980. zerſtöret und niedergeriſſen
worden. Die Geſchichte dieſer Zerſtörung findet ſich in
der Erzählung des *Chronici Magni Belgici* ad an. 972.
beym *Schoettgen Comment. 2. de Vita et Majoribus Sizzonis §. 3. in Ejusdem Opuſc. minor. Hiſtor. Saxonicam
illuſtrantibus,* pag. 215.

sondern es stelle auch dreh Männer dar, mit eben
so viel Weibes-Personen, in alter teutsch-franzößischer Tracht, mit spitzigen Schuhen; Und
über den Männern stünden gar die Nahmen:

Guntharus, gentilis, sed baptizatus, — Sigerus — und Sigehardus.

Und dies seh eben jener *Guntharus* mit seinem Sohne
und Enkel.

U. W. D. M.

§. VI.

Wer siehet aber nicht das Schwankende, das Unbindige und Unschlüßige aller dieser Vordersätze von selbst,
ohne daß man nöthig hat, sie erst an den logicalen Probierstein zu streichen?

§. VII.

Schon Spangenberg in seinem Adels-Spiegel *) beklaget, „daß es Historien-schreiber gäbe, welche
„den großen Herren nur schmeicheln und hofiren wollten, dadurch, daß sie ihr Geschlecht von Trojanern,
„Römern, Hunnen und andern fremden Völkern
„herzuleiten sich bemühten, auch denselben dadurch aller-
„erst ein rechtes Ansehen zu machen glaubten,
„und dann sich unterwanden, dasjenige, was sie hier-
„von geträumet oder ihnen wohl selbst eingebildet
„hätten, für Wahrheit auszugeben und zu verthei-
„digen; — — — da es doch nichts, als eitel Fabel-
„werk wäre ꝛc:

A 4   §. VIII.

*) Th. I. B. 6. c. 6. S. 54b.

§. VIII.

Ob und wie ferne dieses auf die Vertheidiger der obigen Meinung anwendbar sey, das will ich der Beurtheilung des gelehrten Publicums überlassen, wenn ich zuvor ihre vermeynten Gründe ein wenig näher, doch mit patriotischer Freymüthigkeit, beleuchtet haben werde.

§. IX.

Die Verfechter der obigen Meinung sind selbst so bescheiden, daß sie dasjenige, was sie dabey zum Grunde legen, guten Theils selbsten nur für Muthmaßungen ausgeben. Aus Vordersätzen aber, die bloße Muthmaßungen, (suspiciones) enthalten, lassen sich noch keine Wahrscheinlichkeiten ableiten.

§. X.

Denn, was vorerst die Kefernburgischen Siegel betrift; so sind mir, bey Gelegenheit der obigen Fragen, dreyerley Abrisse oder Copien davon zu Handen gekommen, die denn auch auf der voranliegenden Kupfer-Tafel unter den Buchstaben A. B. C. sehr getreu abgestochen sind. Aller Vermuthung nach sind es eben diejenigen Siegel, welche Jovium verführet und auf die irrige Meinung von der Fränkischen Abkunft verleitet haben. Wenigstens wird man diese Siegel so lange für die Verführer Jovii annehmen müssen, bis andere vorgezeiget werden, auf welchen das menschliche Gesicht, mit der aufhabenden Crone, deutlicher, als auf diesen, ausgedrucket ist.

§. XI.

§. XI.

Bey den Siegeln A und B ereignen ſich aber zufȯr-
derſt zweyerley Bedenklichkeiten. Die erſte iſt, daß die
in dem Schilde zum Haupt-Wapen ſich darſtellende Figur mehr einem Leoparden, als dem Kefernburgiſchen
gelben Lȯwen, gleichet. Die andere: daß in der Le-
gende oder Umſchrift des Siegels B, als welches ein
Siegel Graf Günthers des jüngeren iſt, beſonders in
dem Worte: *Keverenberg*, der viermahl vorkommende
Buchſtab, E, zweymahl verſchiedentlich gebildet iſt.

Hȧlt man mit dieſer Abbildung des Siegels B dasjenige Siegel zuſammen, welches Struve dem dritten
Theile ſeines Neu-erȯfneten hiſtoriſch-politiſchen
Archivs unter der Zahl (3) hat vorſtechen laſſen, und
welches dem nehmlichen Grafen, Günthern dem Jüngern, zugehȯrte; ſo wird man im letzteren nichts von
dieſen beyden Mȧngeln gewahr, ſondern im Schild iſt
ein fȯrmlicher Lȯwe, und das nach den damahligen
Mȯnchs-Schreib-Zügen gebildete E iſt ſich in der Umſchrift durchgehends gleich.

Faſt ſcheinet alſo das Transſumt ſub B von einer
mißrathenen Copie — die Copie beym Struve hingegen von einem Original genommen zu ſeyn. Nur Scha-
de, daß Struve weder den Ort der Aufbewahrung an-
gezeiget, noch auch ſonſt einige Erlȧuterung darüber gegeben hat.

A 5　　　　　　§. XII.

§. XII.

Demnächſt fragt ſich: Was ſollen die auf den beyden Siegeln A. B. über dem Schilde ſtehenden drey Figuren bedeuten? — Und welches iſt nun diejenige Figur, welche Jovius für ein menſchliches Geſicht mit einer aufhabenden Crone angeſehen hat?

Betrachtet man in dieſen Siegeln A. B. die unmittelbar über dem Schilde erſichtliche Figur mit den drey Oefnungen, welche Augen und Mund anzuzeigen ſcheinen, und verbindet damit das zackige Wapen-Zeichen, welches queer über jene Figur verbreitet iſt; So gewinnet es das Anſehen, als habe Jovius dieſe beyden Figuren für das menſchliche Geſicht mit der aufhabenden Crone angenommen, worinne er aber ſehr geirret hätte. Denn — der Unförmlichkeit des vermeinten Geſichts vorjetzo nicht zu gedenken — Wer hat noch irgend auf einem Wapen oder Siegel eine Crone geſehen, deren pinnae ſive radii coronales (Cronenſpitzen) unterwärts ſtünden, wie doch hier auf jenen beyden Siegeln A. und B. einem Jeden in die Augen leuchtet? Mit weit beſſerem Grunde läſſet ſich dieſe leztere Figur entweder für einen Turnier-Kragen, oder, noch paſſender, für den Keſernburg-Schwarzburgiſchen Roßkamm oder Rechen anſehen, deſſen Zinken zwar freylich nicht allzu zierlich zugeſpitzet ſind, aber auch von der damahligen Barbarey der Künſte nicht zierlicher zu erwarten waren.

§. XIII.

§. XIII.

In **Chriſtian Schlegels** *Schediasmate de Nummis Salfeldenſibus, Arnſtadienſibus et Ienenſibus,* *Dresdae* 1697. findet ſich, auf der dortigen erſten Kupfertafel, unter der Zahl: 38, ein kleines Keſernburgiſches Siegel mit der Umſchrift:

†. Sigillū Comitis Gunteri de Kevernberc.

Den Abſtich davon zeiget ebenfalls die der gegenwärtigen Abhandlung vorgedrukte Kupfertafel unter dem Buchſtab D. In Gegenhalt dieſes kleinen Siegels — welches einen Blumen-Aſch, und, nach **Schlegels** eigener Erklärung (pl. A. 4ᵇ oder pag. 8.) ein darinne ſtehendes Gewächs oder Bäumgen mit drey Aeſtgen oder Zweigen darſtellet, an deren jedem drey Eicheln oder Blätter hangen — müſte man nun freylich das auf den beyden größeren Keſernburgiſchen Siegeln A. und B. unmittelbar über dem Schilde erſichtliche Wapen-Zeichen ebenfalls für einen Blumen-Aſch, oder für ein Garten-Kübel, und den aus demſelben in die Höhe ragenden Buſch für einen Baum anſprechen, als welches auch, ſo viel wenigſtens den Baum betrift, diejenigen beyden Schwarzburgiſchen und Keſernburgiſchen Siegel zu bekräftigen und zu rechtfertigen ſcheinen, deren jenes in **Weckens Beſchreibung der Stadt Dreßden** S. 156. unter einer Urkunde vom Jahr 1249 zu finden, dieſes aber in **Struvs hiſtoriſch-politiſchen Archive,** Th. 3. auf der voran liegenden Kupfertafel n. 2. abge-

abgebildet ist. Denn auf dem ersteren scheinet der Baum besonders dadurch desto kenntlicher zu werden; weil an demselben so gar zehen Früchte hangen; und auf dem lezteren Siegel, beym Struv, zeiget sich das nehmliche Baümgen mit seinen drey Zweigen und Neun Blättern just so, wie es auf dem kleinen Siegel D. gestaltet ist.

Nimt man aber andere, noch unverdrukte Siegel zur Hand; So wird man auch andere Gedanken zu fassen veranlaßet und bey nahe genöthiget, die auf den beyden Siegeln A. B. unmittelbar über dem Schilde stehende Figur für einen Helm, folglich auch die Figur des kleineren Siegels D. für einen gestürzten, oder umgekehrten Helm zu halten, in welchen, nach damahliger Willkühr, bald ein Zweig, bald ein Pfauenschweif und dergleichen zum Helm-Kleinode eingestekt wurde.

Heineccius de Sigillis. inter galear. formas n. 2. Dies beweisen z. B. die augenscheinlich gestürzten Helme auf den Kefernburgischen und Schwarzburgischen Siegeln

a) bey Struven a. a. O. n. 2.

b) bey Wecken a. a. O.

c) auf demjenigen Schwarzburgischen Siegel, aus dem cilften und zwölften Jahrhundert, welches

Imman. Weber in *Examine Artis Heraldicae,* Append. II. §. 2. pag. 160. (Edit. tertiae 1713)

vermuthlich nach einem im Sondershäuser Archive

chive *) vorgefundenen Originale, hat in Kupfer
ſtechen laſſen, mit der Umſchrift:

†. Sigillū: Comitis Guntheri de Swarzburgh.

fürnehmlich aber

d) die mannigfaltigen Kefernburgiſchen Siegel, welche in dem Fürſtl. Schwarzburgiſchen Archive alhier zu Arnſtadt noch an den Originalien hangen,
und darunter inſonderheit

e) diejenigen, auf welchen die alten Herren Grafen
von Kefernburg zu Pferde ſitzen, und mit vollem
Harniſch abgebildet ſind.

Denn auf allen den Siegeln ſub a. b. c. d. iſt nicht
nur der geſtürzte Helm — ſondern auf den Siegeln b.
c. d. ingleichen bey Struven, a. a. O. auf den dortigen drey übrigen Siegeln n. 1. 3. 4. auch der in dieſen
geſtürzten Helmen ſtehende zuſammen gebundene Pfauenſchweif überaus ſichtbar. Und auf den Siegeln ſub e)
tragen die reutenden und geharniſchten Herren Grafen
dieſen zuſammen gebundenen Pfauenſchweif ſehr kennt-
lich auf dem aufhabenden Helme.**)

§. XIV.

*) Denn Weber war zu Sondershauſen, vom Jahr 1684
bis 1698, anfangs Inſtrukteur des damahligen jungen
Herrn Grafen, nachherigen Gelehrten Herrn Fürſten Günthers, ſodann daſelbſt Sekretarius und Archivarius,
endlich aber zu Gießen ordentlicher Lehrer der Rechte und
Procancellarius, woſelbſt er auch 1726 verſtarb. Das
angeführte Buch aber ſchrieb er noch zu Sondershauſen,
eben zum Nutzen ſeines damahligen erlauchten Herrn
Eleven.

**) Wenn auch ſchon auf dem Siegel bey Wecken an dem
ver-

§. XIV.

Dabey ist nun besonders noch dieses zu bemerken, daß auch der Kefernburg - Schwarzburgische Roßkamm auf allen den Siegeln sub. b. c. d. e. nicht nur sehr deutlich zu sehen, sondern auch, welches insonderheit zu berühren, just auf eben das Plädzgen und auf eben die Weise gestellet ist, wo und wie das oben im XII. §. erwähnte zackige Wapenzeichen auf den beyden großen Kefernburgischen Siegeln A. und B. stehet. Selbst auf den Siegeln der reutenden Herren Grafen ist dieser Roßkamm oben an dem aus dem Helm in die Höhe ragenden zusammen gebundenen Pfauenschweife auf gleiche Weise angeheftet.

Offenbar ist es also, daß auf den beyden Siegeln A. B. weder die unmittelbar über dem Schilde stehende Figur für einen Blumenasch oder für ein Garten - Kübel, noch auch das oben darüber verbreitete zackige Wapen - Zeichen für einen Turnier - Kragen anzusehen, sondern vielmehr jene Figur für einen Helm, diese hingegen für den Kefernburg - Schwarzburgischen Roßkamm unstreitig zu halten, keinesweges aber aus diesen beyden Figu-

vermeinten Baume zehen Früchte hangen sollen; So scheinet doch Weck zu diesen Früchten nur durch ein verdrucktes Original verleitet worden zu seyn und die so genannten Pfauen - Spiegel oder Pfauen-Schilder nur als Früchte angesehen zu haben, was sie doch auch um deswillen nicht sind, noch seyn können; weil an dem eingebildeten Baume keine Blätter hangen, sondern, statt deren, allenthalben nur zarte Feder - Fasern als Ueberbleibsel des verwischeten Pfauen-Schweifes, hervorblicken.

Figuren ein menschliches Gesicht mit einer aufhabenden Crone zu erzwingen sey.

§. XV.

Es vermuthen daher einige unserer gelehrten Schwartz-burger: durch das größere Siegel sub A. sey Jovius zwar auf die fränkischen Lilien — hingegen auf den Ge-danken von der Crone nur durch das kleinere Siegel sub C. verleitet worden, als auf welchem sich zween mensch-liche Köpfe oder Gesichte, beyderley Geschlechts, dar-stellen, mit der Unterschrift:

†. S. Gunderi Comitis de Kevernb.

Allein, erstlich will doch Jovius ein solches Kefern-burgisches Siegel gesehen haben, auf welchen sich nur ein menschliches Gesicht gezeiget hätte, nicht zwey. Demnächst stehet auch auf diesem kleineren Siegel die Crone nicht auf dem männlichen Kopfe, sondern nur auf dem Haupte der Dame.

Ein auswärtiger gelehrter Freund und werther Gön-ner theilet mir immittelst von diesem nehmlichen zweyköp-figen Siegel ein Transsumt von einer Copie mit, deren Original er an einer Kefernburgischen Urkunde von 1379 gesehen hätte, welches aber sehr verdrukt gewesen wäre, und glaubet, hier auf dieser Copie vorne auf dem Ko-pfe des Mannes eine becherförmige Erhöhung wahrzunehmen, vermuthet also, Jovius mögte wohl diese Erhöhung für eine Crone angesehen haben. Ich kan aber diese Erhöhung auf dem mitgetheilten Trans-

sumt

ſumt nicht, wenigſtens nicht deutlich genug, finden, ver-
muthe vielmehr, daß an dieſer Stelle allenfalls nur das
Wachs ein wenig gefloſſen geweſen ſey; wie denn auch
auf der Copie ſub C. welche mir bey Gelegenheit der obigen Fragen §. I. von hoher Hand mitgetheilet worden,
dergleichen Erhöhung nicht zu ſehen iſt.

Ich habe mir deswegen Mühe gegeben, in dem hieſigen Archiv ein Original von dieſem Siegel anzutreffen.
Aber umſonſt. Von dem nehmlichen Jahre 1379 fan-
de ſich zwar eine kleine auf Pergamen geſchriebene Urkunde; aber ohne Siegel. Ich vermag alſo hierinne
nichts zu entſcheiden. Wiewohl auch dieſe Entſcheidung
zu der gegenwärtigen Erörterung nichts beytragen
würde.

§. XVI.

Denn, geſezt auch, die Kefernburgiſchen Siegel
enthielten alleſamt ein wirkliches menſchliches Geſicht,
mit einer aufhabenden wirklichen Crone; was ſoll dieſe
Crone beweiſen? — Die Abſtammung von den alten
Fränkiſchen Königen Merovingiſchen Geſchlechts? —
Nichtsweniger! Denn dieſe Könige trugen ſelbſt noch
keine Cronen.

Chiffletius in Anaſtaſi Regis Childerici cap. 9. pag.
134.

Spener Op. Herald. Part. Gen. c. VI. §. 14. pag. 311.

Dahingegen derjenige tugendliche Ritter, welchen
der Fränkiſche König, Dieterich, im achten Jahrhundert,

dert, dem Volke der Thüringer, auf ihr Begehren, zum
Schutz und Schirm ſandte, ebenfalls eine güldene
Crone auf ſeinem Schilde führte, und dennoch nicht
von königlichem Geblüte, ſondern ein Graf von Stau-
fen war.

Wigand Gerſtenberger, ſonſt Boddenbender
genannt, in ſeiner Thüringiſchen und Heßiſchen Chronik beym Ayrmann *in Sylloge Anec-
dot.* S. 114.

Wie denn auch die Grafen von Daun, die doch erſt
im vorigen Jahrhundert vom Käyſer Ferdinand III.
in den Grafenſtand erhoben worden, ingleichen die
Städte, Amſterdam und Danzig, gleicher maaßen
Cronen in ihren Wapen führen.

§. XVII.

Selbſt die zwo Lilien, welche auf dem einen Kefernburgiſchen Siegel A. zu beyden Seiten ſtehen, werden
zum Beweiſe eines Fränkiſchen Urſprunges wenig oder
gar nichts beytragen. Ich will jetzo nicht der Meinung
derjenigen beytreten, welche dieſe beyden Wapenzeichen
nicht einmahl als Lilien, ſondern als Spieſe, Hellebar-
den oder andere Kriegeszeichen betrachtet wißen wollen.
In meinen Augen mögen ſie als Lilien paßiren. Allein
hier entſtehet vor allen Dingen die wichtige Vorfrage:
Haben denn auch die beyden erſten Geſchlechte
der Fränkiſchen Könige, ich meine: das Merovin-
giſche und Carolingiſche, — aus deren erſteren

B   Lo-

Lotharius I. eben entſproßen iſt — haben denn, ſa-
ge ich; dieſe beyden erſten königlichen Geſchlechte die
Lilien auch ſchon wirklich in ihren Wapen geführet?

§.   XVIII.

Dieſe Frage wird — ſelbſt in Frankreich — von den
gelehrteſten Männern verneinet. Sauchet leugnet ſchlech-
terdings, daß die Lilien vor den Zeiten Pipins üblich geweſen. Und P. Gaßendus in dem Leben Peireſcii hält
daher die Monumente, welche dem Clodowig und Chilperich zu Ehren mit Lilien errichtet worden, eben deswegen für unächt. David Blondell aber und Mabillon
behaupten, die Lilien wären nicht einmahl vor der Regierung Ludwigs VII, aus dem Capetingiſchen Hauſe
gebräuchlich geweſen. Und Andr. du Chesne in ſeinem
Briefe an Chiffletium, ſo wie dieſer Chiffletius ſelbſt,
glauben gar, ſie wären erſt bey deßen Nachfolger,
Philipp II, welcher vom Jahr 1180 bis 1223 regierte, Mode worden. Zu geſchweigen, daß Sauchet gar
der Meinung iſt, die jetzigen Franzöſiſchen Lilien wären ur-
ſprünglich gar keine Lilien geweſen, ſondern Bienen welche
nur nach und nach in Lilien verwandelt worden wären.

§.   XIX.

Und hier mögte ich wohl die Frage aufwerfen: Warum ſtehen denn auf dem Kefernburgiſchen Siegel nur
zwo Lilien, da doch deren in dem Franzöſiſchen Wapen
drey ſind? *)

§. XX.

*) Struve im hiſtoriſch-politiſchen Archiv Theil. 3.
hat

§. XX.

Ueberhaupt dünket mir das von den Lilien hergenom-
mene Argument unter allen das unwichtigſte zu ſeyn.
Denn, wie viele — wie unzählig viele anſehnliche Familien giebt es nicht in ganz Europa, faſt in allen Rei-
chen, welche allerſeits Lilien in ihren Wapen führen, ohne von den Fränkiſchen Königen abzuſtammen. Von
allen will ich hier nur einige wenige nahmhaft machen:
In Teutſchland führen zwo Lilien
    die Grafen von Jugger, und
             B 2   die

hat auf der voranliegenden Kupfer-Tafel, unter den dortigen vier Kefernburgiſchen Siegeln, n. I. eines von Günthern, dem Aeltern, beygefüget, auf deßen beyden Seiten ſich zwar ebenfalls zwo Lilien, doch unter dieſen Lilien auch noch zween ſechsſtrahlige Sterne zeigen.
In dem Fürſtl. Archive hier zu Arnſtadt findet ſich ein Ke-
fernburgiſches Siegel, welches nur Eine Lilie, zur rechten,
zur linken hingegen den halben Mond führet.
In Weckens Beſchreibung der Stadt Dreßden komt
ebenfalls ein dergleichen Siegel aus dem XIII. Sec. vor,
auf welchem gar keine Lilie, ſondern nur zween ſechsſtrahlige Sterne zu ſehen ſind.
Und wie viel ſind der Kefernburgiſchen Siegel im hieſigen
Archiv, die weder Lilie, noch Mond, noch Sterne, zu
Wapen-Begleitern haben?
Es ſcheinen alſo dieſe Figuren nur willkührlich, vielleicht nur
als Zierrathen, vielleicht gar nur zur Ausfüllung des leeren Raumes, beygefüget zu ſeyn; wie ſolches auch *Heineccius* de Sigillis, p. 164. *Schlegel* in apotelesm. de Nu-
mis Abbatum Hersfeld. p. 40 41, 53. und noch neuerlich,
Herr Phil. Wilh. Gerken in ſeinen Anmerkungen über
die Siegel Th. I. S. 125, behauptet haben.

die Grafen von Daun ebenfalls;

ohnerachtet doch beyde Häuſer kaum im vorigen
Jahrhundert, jenes von Ferdinand II. und
dieſes von Ferdinand III, allererſt in den Grafenſtand erhoben worden, die Fuggeriſchen Voreltern auch vor kaum 300 Jahren noch bloſe
bürgerliche Kaufleute geweſen ſind.

In Italien haben die mehreſten erlauchten Geſchlechte Lilien in ihren Wapen, beſonders

die Herzoge von Modena, aus dem Hauſe Eſte,
die Herzoge von Parma und Placenz, aus dem
Hauſe Farneſe.
die Herzoge von Bracciano,
das Haus Pamphili, — ingleichen
die Florentiniſchen Grafen von Zanis, ꝛc.

In Frankreich:

die kleinen Herzoge von Tremes, von Arpajon,
von Pont de Vaux, von Vitry, von Mon-
tauſier;

In Spanien:

die noch mindermächtigeren Herzoge von Albu-
querqve, von Medinaceli, aus der Familie
de la Cerda, ꝛc.

Nicht zu gedenken, daß in Teutſchland auch ſehr viele vom niederen Adel, ja ſo gar Patrizier und Städte, ſich der Lilien in ihren Wapen bedienen, die man
leicht zu Hunderten zählen könte.

Viele von jenen illuſtren Häuſern haben aber die Lilien

lien von den Franzöſiſchen Königen als ein Gnadenzeichen (gratiae donum) in ihre Wapen auf eben die Art und Weiſe bekommen, wie etwa die Herzoge von Modena, von Bracciano, und einige anſehnliche Fürſten des teutſchen Reichs, ſelbſt auch unſer Durchlauchtigſtes Fürſtenhaus, Schwarzburg, von den Römiſchen Kanſern mit dem doppelten Adler, als dem unſtreitigen Kanſerlichen Wapenzeichen, begnadiget worden ſind. So wenig aber alle dieſe erlauchten Häuſer aus dem doppelten Adler eine Abſtammung von Römiſchen Kanſern zu folgern ſich jemahl beygehen laßen werden; Eben ſo wenig läßet ſich aus den Kefernburgiſchen zwo Lilien ein frankiſcher Urſprung auch nur wahrſcheinlich machen, geſchweige denn mit Gewißheit behaupten.

II. Ab-

II. Abschnitt.

Die erdichtete Abstammung von Clotars I.
ältesten Prinzen, Guntharn, insonderheit.

§. XXI.

Am allerwenigsten kan aus diesem Wapenzeichen eine
Abstammung von Lothario I. und deßen ältesten
Prinzen, Gunthar, standhaft behauptet werden. Hier
muß ich aber zuförderst dreyerley erinnern:

Das erste ist, daß unter diesem Lothario I. nicht
etwa derjenige Lotharius I., der ein Enkel Carls des
Großen war, und bekannter maaßen nur drey Söhne
hatte, sondern vielmehr Clotarius I. aus dem Merovingischen Stamme, wie schon gedacht, zu verstehen
sey, auch wirklich verstanden werde.

Zweytens: Daß der eben bey den gegenseitigen
Gründen angeführte Bernhard Herzog in seiner El-
saßischen Chronik, die ich so eben vor mir habe, kein
Wort davon sage, daß Clotarius I. sechs Söhne,
und darunter einen mit Nahmen, Guntharus, gehabt hätte. Er nennet vielmehr S. 130. nur die bekannten vier Söhne dieses Clotars, und darunter keinen Guntharum.

Drittens überlasse ich dem Urtheile der Welt, ob
nicht die alten Herren Grafen von Kefernburg dadurch viel zu wenig geehret seyn würden, wenn man ihren

ren Ursprung aus der so lasterhaften Familie der un-
geschlachten und wilden Merovingischen Könige
ableiten wolte, besonders wenn ihnen von Jovio und
seinen Anhängern ein Stamm-Vater in der Person
Clotars I. zugeschrieben werden könte, deßen ganzes
Leben und funfzigjährige Regierung nichts, als ein
an einander hangendes Gewebe von Ehebruch, Blut-
schande, Mordthaten, Meineyden und andern La-
stern gewesen ist,

Allgem. Welthist. Th. XXXV. Geschichte von
Frankreich B. 2. S. 49.

deßen Vater auch seine Regierung durch nicht mindere
Schandthaten, durch Grausamkeit, Treulosigkeit,
Falschheit, Meuchelmord, Rauberey und andere
barbarische Gewaltthätigkeiten besleket hatte.

Schmidts Gesch. der Teutschen Th. 1. B. 2.
C. 1. S. 210 f.

Vielleicht widerfähret jenen Herren Grafen weit mehr
Ehre, wenn ich beweise, daß keiner dieser unrühmlichen
Könige ihr Stammvater gewesen sey, noch gewesen
seyn könne.

§. XXII.

Um aber diesen Irrthum unserer Schwarzburgischen
Geschichtschreiber — oder vielmehr Conjecturanten —
aus dem Grunde zu heben, und denselben aus der va-
terländischen Geschichte doch endlich einmahl gänzlich zu
verbannen; muß ich hier etwas umständlicher seyn.

B 4.   Nur

Nur thut es mir wehe, daß ich, unter so vielen würdigen Männern, selbst auch meinem Grosvater widersprechen, und diesen um die Arnstädtische Schule so verdienten Mann einiger Unwissenheit in der Fränkischen Geschichte mit beschuldigen muß. Sed magis amica veritas.

§. XXIII.

Es ist wahr, Clotarius I. hat weniger nicht, als Sechs Gemahlinnen gehabt, nehmlich:

1.) Inegunden, bey deren Leben er
2.) auch mit ihrer Schwester, der Aregunde, sich vermählte;
3.) Guntheugam, oder Gundiucam, seines älteren Bruders, Clodomers, Wittib,
4.) Chunsenen,
5.) Radegunden, und
6.) Walraden, seines Bruders-Enkels *) Wittib.

§. XXIV.

Mit diesen Sechs Gemahlinnen zeugte er — nicht Sechs — sondern gar Sieben Söhne, und eine Tochter.

Unter den Söhnen aber befande sich der bösartige und unglückliche Chramnus, welchen er mit der vierten Gemahlin, Chunsene, gezeuget hatte. Dieser Chramnus hatte gegen seinen Vater zweymahligen Aufruhr

*) Allgem. Welthist. a. a. O. S. 47.

Aufruhr erreget. Das erfte mahl verziehe ihm der
Vater. Als er aber die Waffen zum zweyten mahle
wider den Vater ergriff; lies dieser den ungerathenen
Sohn mit Weib und Kindern in eine mit Stroh be-
dekte Hütte einsperren und in dieser Hütte die ganze Familie jämmerlich zu Asche verbrennen. Nach diesem er-
schrecklichen Beyspiele väterlicher Rache lebte Clotar
nur noch ein einiges Jahr. Denn er starb anno 562,
im 51ften Jahr seiner Regierung, welches das 64ste
seines Lebens war.

§. XXV.

Auffer diesem Chramnus hat also Clotar nur
Sechs Söhne gehabt, und zwar von der erften Gemahlin:

1) *Guntharum.* 2) Childericum. 3) Charber-
tum. 4) Gunthramum. 5) Siegebertum, und
von der zwoten Gemahlin: 6) den einzigen Chilpericum.

§. XXVI.

Guntharus war also der Erftgebohrne. Dieser aber und sein nächstfolgender Bruder, Childerich,
starben beyderseits noch vor dem Vater.
Gregorii Turonenf. Hift. Francorum L. 4. c. 3.
in *Andr. du Chefne Hiftoriae Franc. Scripto-
ribus coaetaneis* pag. 308.
Allgem. Welthiftorie a. a. O. S. 49. *juncta Tabula genealog.* S. 161.
B 5 §. XXVII.

§. XXVII.

Clotarius I. hinterlies demnach nur Vier Söhne, nehmlich: Chariberten, Gunthramen, Siegeberten und Chilperichen.

Von Guntharn aber waren keine Leibes-Erben vorhanden. Denn daß dieser Gunthar, als der angebliche Stifter des Kesernburgischen Stammes, Kinder, — wäre es auch nur ein einziger Sohn gewesen, — gezeuget habe; das ist ein Satz, welchen zu beweisen nur den bejahenden Vertheidigern des Fränkischen Ursprunges hauptsächlich obgelegen hätte.

An diesen Beweis aber denken sie mit keinem Worte *). Und eine Verneinung zu beweisen, wäre wohl Niemand schuldig. Indessen kan doch auch diese leicht erwiesen werden.

§. XXVIII.

Denn 1) thut Gregorius von Tours, der berühmteste und ausführlichste fränkische Geschichtschreiber jener Zeit, in seiner *Historia Francorum*, von einer Nach-

---

*) Jovius hat seinen Beweis einig und allein aus der Heraldik zu führen gesuchet. Wenn aber die genealogische Frage entstehet: Ob denn ein Prinz, der dieses oder jenes Wapenzeichen geführet hat — oder, wie hier, nur geführet haben soll — ob, sage ich, ein solcher Prinz auch Kinder gezeuget und Nachkommenschaft hinterlassen habe? — Kann denn auch dieses aus der Heraldik beantwortet und bewiesen werden? Oder, kan wohl die Heraldik zu einer solchen genealogischen Antwort und Bescheinigung auch nur das allermindeste beytragen?

Nachkommenschaft des Gunthars nicht die mindeste
Meldung. Und dieser Gregorius war gleichwohl vom
Clotar I. und besonders von den Familien seiner Söhne, der unverwerflichste Augen-Zeuge. Denn er
war im Jahr 544 gebohren, und starb den 17 Novem-
ber 595. Er war also ein Mann, der nicht nur mit
Clotar und seinen Söhnen zu gleicher Zeit lebte und
Erzbischof zu Tours war, sondern auch ein Mann, der
von den Clotarischen Söhnen, in ihren Staats- und
Familien-Angelegenheiten, selbst sehr oft gebraucht
wurde.

Allgem. Welthist. a. a. O. S. 76. und 98.
ein Mann also, dem nicht nur die größten Geheimnisse
dieses königlich-fränkischen Hofes nicht unbekannt waren, sondern der auch in den X Büchern seiner Historie
die besondersten Umstände davon so getreu und aufrich-
tig erzählet, daß er sogar Gundowalden, den unehe-
lichen oder natürlichen Sohn Clotars I. nicht unbe-
merket läßet.

L. 6. cap. 24. pag. 363.

Solte nun wohl dieser so genaue Geschichtschreiber einen
rechtmäßigen Sohn des erstgebohrnen königlichen
Prinzen, Gunthari, wenn einer vorhanden gewesen
wäre, vergessen haben?

2.) Kommt von Guntharn in der ganzen Fränkischen Geschichte weiter nichts als dieses vor: Er habe
im Jahr 533, auf Befehl seines Vaters, eine Armee
wider die Ost-Gothen ins Feld führen müssen, sey aber
mit

mit derselben nicht weiter, als bis nach Rodez, gekommen, ohne daß die Ursache seines Rükzuges gemeldet wird.

Gregor. *Turon.* l. c. L. 3. c. 21. pag. 302.
Allgem. Welthist. a. a. O. S. 39.

3.) Wird ihm von keinem einigen Genealogisten ein Kind, weder männlichen noch weiblichen Geschlechts, zugeeignet.

S. die genealogische Tabelle in der allgem. Welthist. a. a. O. S. 161.

Man hat vielmehr Guntharum selbsten, eben um deswillen, weil er keine Kinder, wenigstens keinen Sohn, gezeuget, in den alten Stammtafeln des Merovingischen Geschlechts ganz weggelassen.

Vid. Tabula geneal. Francor. Regum Merovingorum in *Andr.* **du Chesne** Scriptor. Hiftor. Franc. coaet. — poft praefat.
ingl.
Hübners geneal. Tabellen 48. 49.

Und eben diesen Haupt-Umstand, daß nehmlich von Guntharn keine männliche Nachkommenschaft vorhanden gewesen, beweiset endlich auch

4.) die nachherige Thatsache selbst, da nach dem Tode Clotars I. das fränkische Reich getheilet wurde. Denn, hätte Guntharus auch nur einen einigen Sohn hinterlassen; So hätte ja das damahls noch theilbare fränkische Reich zwischen diesem Guntharischen Sohne und seinen oben genannten vier Oheimen nothwendig in

fünf

fünf Theile vertheilet werden und dem Guntharischen
Sohne ein desto beträchtlicherer Antheil davon zufallen
müßen; weil er nicht nur der Sohn des Erstgebohrnen gewesen wäre, sondern weil auch Clotarius I.
während seiner langen Regierung, die Gränzen des
fränkischen Reiches ungemein erweitert, und dasselbe
jenseit des Rheins mit dem Königreiche Burgund und
der Provence, diesseits aber mit Süd-Thüringen —
(zwischen welchem und Nord-Thüringen die Unstrut
(Oneſtrude) damahlen die Gränze war) — gar ansehnlich vermehret hatte. Denn alle diese Länder sind
erst nach Clodovái I. Tode von den Franken erobert
worden.

§. XXIX.

Allein, das ganze fränkische Reich, so wie es Clotar I. unter seiner funfzigjährigen Regierung nach und
nach zusammen gebracht hatte, wurde nach seinem Tode
nur unter seine oberwähnte Vier Söhne, mithin auch
nur in Vier Theile vertheilet,

Gregor. Turon. l. c. L. 4. c. 22. pag. 315.

Schmidts Gesch. der Teutsch. Th. 1. B. 2. c. 3.
S. 232.

dergestalt, daß

1.) Charibert, der nunmehrige älteste, das Königreich Paris bekam, worzu vom Königreiche
Orleans noch Touraine — von Austrasien
aber Albigeois — und dann Marseille geschla-
gen wurde.

2.) Gun-

2.) Gunthram erhielt das Königreich Orleans und Burgund, welches leztere ein Stück von Provence begriff, und was wir heut zu Tage das Delphinat, Savohen und Franche-Comté nennen, ferner fast das ganze Herzogthum Burgund, Nivernois und ein Stück von Champagne, endlich auch das Sensische Gebiete, (Senonois)

3.) Chilperich muste mit Soißons und Dornick zufrieden sehn.

4.) Siegebert aber bekam Austrasien, oder das Metzische Reich und wurde zugleich Herr von Teutschland, so weit es damahl entweder durch die fränkischen Waffen bezwungen oder Tribut zu erlegen genöthiget worden war.

Allgem. Welthist. a. a. O. B. 3. S. 50.

§. XXX.

Diese Reichs-Vertheilung ist demnach der offenbareste Beweis, daß Guntharus keine Nachkommenschaft, wenigstens keinen Sohn, hinterlaßen habe; Oder man nenne ihn! und zeige sein Dasehn.

§. XXXI.

Das Kefernburgische Bild, auf welchem ein Guntharus mit seinem Sohne, Sigero, und Enkel, *Sigehardo,* abgemahlet stehet, beweiset weniger, als gar nichts.

Denn

Denn es wird schlechterdings geleugnet, daß der auf diesem Bilde stehende Guntharus derjenige Guntharus sey, der ein Sohn Clotars I. und Enkel Clodwigs I. war. Denn, wie hätte von einem solchen Enkel Clodwigs I. auf dem Bilde noch gesaget werden können:

Gentilis, sed baptizatus?

da bereits sein Grosvater, Clodwig, schon im Jahr Christi 496 aus dem Heydenthum zum Christenthum bekehret, und schon im funfzehenden Jahr seiner Regierung von Remigio, Bischofe zu Rhcims, getauft worden war?

Eitel irrige Vordersätze! wovon unten §. LII — LIX. ein mehreres.

§. XXXII.

Desto grundloser ist also endlich auch diese Vermuthung: Weil dem Gunthar, Clotars I. Sohne, in Frankreich keine gewisse Herrschaft zugetheilet gewesen wäre; So sey es wahrscheinlich, daß er hier in Thüringen mit einem gewissen Striche Landes abgefunden, oder aber zum Statthalter darüber gesetzet worden wäre. 2c.

§. XXXIII.

Wie konte denn in Frankreich einem Todten etwas zugetheilet werden? — Oder, wie war es nur möglich, daß Guntharus, oder auch ein Sohn von ihm

ihm — der doch ein Unding ist — mit einem Striche
von Thüringen hätte abgefunden werden können;
da schon Siegebertus, des verstorbenen Gunthars
Bruder, in der brüderlichen Theilung, wie bereits
oben, (§. XXIX. n. 4.) erwiesen ist, ausser dem
Königreiche Austrasien, auch noch Teutschland, soviel
nehmlich die Franken darinne besaßen, zu seinem vierten
Antheile bekommen, folglich auch Thüringen schon eigenthümlich inne hatte?

Noch weniger aber läßet sich denken, daß Guntharus, der erstgebohrne Prinz Clotars I., oder
auch ein Sohn dieses Erstgebohrnen, — als welchem
doch von dem so ansehnlich vermehrten ganzen Fränkischen Reiche, wie schon erwähnet, der größeste Theil
zu seinem völligen Eigenthume gebühret hätte, —
auf diesen seinen unwiderstreitlichen Erb-Antheil gänz-
lichen Verzicht gethan, und dargegen mit einer bloßen
Statthalterschaft — nur über einen so kleinen
Strich von Thüringen, der kaum der sechzehente
Theil seiner ordentlichen Erb- und Landesportion gewesen wäre, — sich begnüget haben solte. Die ganze
Fränkische Geschichte schweiget von einer solchen Abfin-
dung, und noch weniger thut ein gleichzeitiger Schrift-
steller von der Statthalterschaft die geringste Meldung.

§. XXXIV.

§. XXXIV.

Wider alle diese Inductions-Beweise wird nun hoffentlich wohl nichts einzuwenden, eben dadurch aber auch nunmehro zur Gnüge erwiesen seyn:

Daß Guntharus, der älteste Prinz Clotars I. wirklich keine männliche Nachkommenschaft gehabt habe, folglich auch der Stammvater der alten Herren Grafen von Kefernburg und von Schwarzburg unmöglich gewesen seyn könne.

§. XXXV.

Dadurch sinket nun freylich das von Jovio, seiner Einbildung nach, zwar prächtig genug aufgeführte, aber auf lauter morschen Stützen ruhende Gebäude der — im Spiegel der Wahrheit betrachtet — an sich nicht allzu rühmlichen — Clotarischen Abkunft mit einmahl darnieder.

C   III. Ab-

III. Abschnitt.

Die vorgegebene Abstammung von Clodomers zweeten Sohne, Guntharn.

§. XXXVI.

Nun aber habe ich auch mit einem neuern Schrift-
steller annoch zu kämpfen.   Dieser ist der Herr von
Falkenstein in seinen *Analectis Thuringo - Nordga-
viensibus* Nachlese 8. S. 145 ff.   Dieser Autor
räumet zwar ein und ist mit mir darinne einig:

> Daß Guntharus, Clotars I. ältester Prinz, der
> Stammvater der alten Herren Grafen von Kefern-
> burg nicht gewesen seyn könne;

ob er gleich darzu nur die alleinige Ursach anzugeben
weis:

> Weil er vor seinem Vater verstorben wäre;

die doch alleine bey weiten nicht hinreichet, so lange
nicht auch zugleich bewiesen ist,

> Daß dieser Guntharus keine Kinder, wenigstens
> keine Söhne gezeuget und hinterlassen habe;

welcher Beweis aber nunmehro (§. XXVII — XXXIV.)
hoffentlich zur Gnüge geführet und vollendet seyn
wird.

§. XXXVII.

§. XXXVII.

Allein, eben dieſer Herr von Falkenſtein ſuchet gleichwohl die Abſtammung der Kefernburgiſchen Herren Grafen nichts deſto minder von jenen alten fränkiſchen Königen auf eine andere Art zu erzwingen; indem er ihnen

u. d. O. S. 146 ff.

einen Stammvater, zwar ebenfalls in einem Gunthar, aber in einer ganz andern Perſon, giebt, nehmlich in der Perſon desjenigen Gunthars, der ein Sohn Clodomers, Königs von Orleans, mithin Clotars I. Bruders-Sohn war. (Siehe unten die Geſchlechts-Tafel.)

C 2 §. XXXVIII.

Geſchlechts - Tafel,

ſo weit ſie zur Erläuterung dieſes und der folgenden §§. nöthig iſt:

Clodwig I. †. 511.
Gem. Clotildis.

Theodoricus, oder Dieterich †. 534.	Clodomer K. von Orleans †. 524. Gemahlin Guntheuga.	Childebert †. 558.	Clotar I. hatte 6 Gemahlinnen, u. zeugte 7 Söhne. S. §. XXIII. XXIV. et XXV.

Thibald.	Gunthar.	Clodoald.

§. XXXVIII.

Dieses Falkensteinische Vorgeben aber ist eben so unrichtig, oder vielmehr noch unrichtiger, als oben die Meinung Jovii war. Wir wollen inzwischen seine vermeinten Gründe doch hören, wenn es anders Gründe zu nennen sind. Sie lauten also:

Clodomer, einer von den ältern Brüdern Clotars I. habe drey Söhne gehabt, darunter der mittlere, wie schon gedacht, Gunthar geheißen.
Falkenst. Analecta &c. l. c. S. 146.

Weil nun der Clotarische Gunthar der Stammvater nicht seyn könne; So müße es nothwendig der Clodomersche Gunthar seyn.
Analecta l. c. S. 148.
(Welcher Schluß! Und warum?)

Denn, nachdem Clodomer in dem Treffen mit den Burgundern im Jahr 524 erschlagen worden wäre; So habe Clotar I. nicht nur dieses seines erschlagenen Bruders Wittib, die Guntheugam, geheyrathet, (S. oben §. XXIII. n. 3.) sondern auch ihre drey Prinzen zu sich genommen.
Anal. l. c. S. 149.

Nun habe er zwar zwischen diesen seinen drey Stiefsöhnen und seinen eigenen Kindern keine Einkindschaft errichtet; jedoch sey zu vermuthen, er werde für ihre Versorgung bedacht gewesen seyn.
Anal. l. c. S. 150.

Weil

Weil aber Clotar nach dem Königreiche ſeiner
Stieſſöhne unfehlbar Appetit bekommen hätte;
So ſey ferner zu muthmaßen, er werde für ihre
Verſorgung auf eine ſolche Art bedacht geweſen
ſeyn, daß er ſie zugleich aus dem Königreiche weg-
geſchaft, und dem einem hier, dem andern dort
etwas zugeſchanzet hätte, damit ſie gleichwohl zu
leben, nicht aber an ihr väterliches Reich zurück zu
denken hätten Urſache haben mögen.

Anal. l. c. S. 151.

Zu einer ſolchen Verſorgung hätte ſich auch bald eine
Gelegenheit ereignet.   Denn als Clotars I. älteſter Bruder, Theodorich, mit dem Thüringiſchen Könige, Hermanfrieden, in Uneinigkeit
verfallen und dieſe Uneinigkeit zu einem Kriege
ausgeſchlagen wäre; hätte Theodorich mit ſeinem jüngſten Bruder, Clotar, eine Allianz wider Hermanfrieden geſchloßen, worauf es zu einer dreyfachen blutigen Schlacht gekommen, und
in der lezten der Thüringiſche König, mit Bey-
hülfe der Sachſen, völlig geſchlagen, ſeiner Lande
ſämtlich beraubet, und deſſen Reich unter die
Franken und Sachſen alſo getheilet worden wäre,
daß die Sachſen Nord-Thüringen, die Franken
aber Süd-Thüringen bekommen hätten.

Anal. l. c. S. 148.

Weil nun alſo Süd-Thüringen eine Fränkiſche Provinz geworden wäre; So ſey weiter zu muth-

C 3   maßen,

maßen, daß Clotarius I, als Bruder und Bun-
des - Genoße, auch einen Theil von Süd-Thüringen, für ſeine aufgewendete Unkoſten, bekommen haben werde.

Anal. l. c. S. 149.

Wer wolte nun zweifeln, daß Clotarius bey dieſer
Gelegenheit nicht auch für ſeine Stiefſöhne werde
geſorget und ſo einem als dem andern ein Stück
Landes von Süd - Thüringen eigenthümlich über-
geben haben?

Anal. l. c. S. 150.

Auf ſolche Art wäre alſo Clodomers zweeter Sohn,
Guntharus, aus Frankreich nach Thüringen gekommen.

Anal. l. c. S. 148.

So hätte er hernach das Schloß Kefernburg ge-
bauet.

Anal. l. c. S. 152.

Und ſo ſey er der Stammvater aller nachherigen Grafen von Kefernburg geworden.

Anal. l. c. S. 153.

Ohnerachtet Falkenſtein weder eine Gemahlin, noch
ein Kind dieſes Prinzen anzugeben weis.

Anal. l. c. S. 153.

Sondern dieſe ſeine Unwiſſenheit nur damit entſchul-
diget:

In Thüringen wäre damahls noch nichts
aufgezeichnet worden; denn die Thüringer
hätten

hätten noch zu jenen Zeiten weder lesen noch schreiben können.

Anal. l. c. S. 154.

So weit Falkenstein.

§. XXXIX.

Nun, was dünket meinen Lesern von allen diesen herrlichen Gründen? Sind dies Vernunftschlüße? Sind dies Wahrscheinlichkeiten? Das heißt ja wohl recht: Muthmaßungen auf Muthmaßungen häufen, oder vielmehr gar: Erdichtungen auf Erdichtungen thürmen. Denn so viel Worte; fast eben so viel offenbare Unwahrheiten! Wie ich denn nicht bergen kan, daß ich dieses Falkensteinische Gewäsche sehr ungerne in die Feder genommen und in gegenwärtige Schrift übergetragen habe.

§. XL.

Wahr ist es zwar, daß Clodomer, König zu Orleans, mit seiner Gemahlin, Guntheuka oder Guntheuga, drey Prinzen gezeuget habe, nahmentlich: Thibalden, Guntharn, und Clodoalden. Es bezeuget ferner die Geschichte, daß Clodomer in dem Burgundischen Treffen bey Vienne im Jahr 524 erschlagen worden.

So wie auch endlich bekannt genug ist, daß Clotar I. mit dieses seines Bruders Wittib, der Guntheuka, sich vermählet habe. Unwahr aber ist, daß

C 4   Clo-

Clotar jene seine drey Stieffföhne zu sich genommen
hätte; und noch unwahrer, daß er für ihre Versorgung auf die von Falkensteinen beschriebene Art je-
mahls bedacht gewesen wäre; am allerunwähresten
aber, daß sein mittelster Stieffohn, Gunthar, den
teutschen Boden jemahlen betreten habe, geschweige
denn der Erbauer des Schloßes Kefernburg und
Stammvater der ersten Bewohner desselben gewesen
sey.

Das Gegentheil von dem allen werde ich sogleich
nicht nur historisch zeigen, sondern auch von Umstand
zu Umstand glaubwürdig beweisen.

§. XLI.

Denn die verwayseten drey Prinzen nahm nicht
Clotar, sondern vielmehr ihre väterliche Grosmutter,
die verwittibte Königin Clotilde, zu sich, und nur bey
dieser wurden sie erzogen. *)

§. XLII.

*) Filios ejus (Clodomeris) *Chlotildis* Regina, exactis die-
bus luctus *secum recepit ac tenuit,* quorum unus *Theo-
dovaldus,* alter *Guntharius,* tertius *Clodoaldus*
vocabatur.
    Gregor. Turon. Hiftor. Franc. L. 3. c. 6.

§. XLII.

Nun war es zwar leider! andem, daß Clotar und sein älterer Bruder, Childebert, nach dieser Prinzen väterlichem Reiche trachteten. *)
Aber, was thaten sie zur Erreichung solcher ihrer schändlichen Absicht? — Zufördest ließen sie die Prinzen durch eine Botschaft von der Grosmutter abfordern, unter dem schmeichelhaften heuchlerischen. Vorgeben: sie wolten dieselben in ihr väterliches Reich einsetzen. **)

Clotilde, höchsterfreut über diese Erklärung, verabfolgte die Prinzen ohne einiges Bedenken. ***)

C 5　　　　　　　Kaum

---

*) Dum *Chlotildis* Regina Parisiis moraretur, videns *Childebertus*, quod mater sua filios *Chlodomeris* unico affectu diligeret, invidia ductus ac metuens, ne favente Regina admitterentur in regnum, misit clam ad fratrem suum, *Chlotharium*, Regem, dicens: Mater nostra filios fratris nostri *secum retinet* et vult eos regno donari. Debes velociter adesse Parisiis, et habito communi consilio pertractari oportet, quid de his fieri debeat: Utrum, incisa caesarie ut reliqua *plebs* habeantur, an certe his interfectis regnum germani nostri inter nosmet ipsos, aequalitate habita, dividatur.
　　Idem *Gregor. Turon.* l. c. L. 3. c. 18.
**) Conjuncti (Childebertus et Chlotharius) miserunt ad Reginam quae tunc in ipsa urbe (Parisiis) morabatur, dicentes: *Dirige parvulos ad nos, ut sublimentur in regno.*
　　　　Gregor· l. c. L. 3. c. 18.
***) At illa gavisa, nesciens dolum illorum, dato pueris
　　　　　　　　　　　　　　　　esu

Kaum aber waren ſie mit ihren Hofmeiſtern und
Bedienten in dem königlichen Palaſte angekommen;
So wurden ſie von dieſen ihren Hofmeiſtern und Bedien-
ten getrennet, und jede Parthey beſonders bewachet. *)

Childebert und Clotar fertigten ſodann abermahl
einen Geſandten an Clotilden ab, mit einem Dolch
und einer Scheere, und lieſen ſie fragen: Ob man ihren Enkeln die Haare, oder die Kehle, abſchneiden ſolte? **)
(Jemanden die Haare abſchneiden, hies bey der Fränkiſchen regierenden Familie ſo viel, als ihn von aller Hof-
nung zur künftigen Herrſchaft und Thronfolge aus-
ſchließen, oder ihn zum Cloſterleben verſtoßen.)

Dieſer ſo unerwartete Antrag erſchrekte Clotilden
dermaßen, daß ſie in die zwar grosmüthigen aber un-
über-

---

eſu potuque, direxit eos, dicens: *Non me puto filium
amiſiſſe, ſi vos video in ejus regno ſubſtitui.*
Idem l. c.

*) Qui abeuntes apprehenſi ſunt ſtatim, ac ſeparati a pue-
ris et nutritoribus ſuis. Cuſtodiebantur utrique, ſeorſim pueri, et ſeorſim hi *parvuli.*
Idem l. c.

**) Tunc *Childebertus* et *Chlotharius* miſerunt *Archadium*
ad Reginam *cum forcipe* atque *evaginato gladio*, qui
veniens oſtendit Reginae utraque, dicens: *Voluntatem
tuam ô glorioſiſſima Regina, filii tui, Domini noſtri, ex-
petunt, quid de pueris agendum cenſeas, utrum inciſis
crinibus eos vivere jubeas, an utrumque jugulari?*
Idem l. c.

überlegten Worte ausbrach: Was? — meinen Enkeln die Haare abscheeren? — lieber will ich sie
des Lebens, als des Thrones, beraubet sehen. *)

Diese Antwort wurde so zurücke gebracht, wie sie
Clotilde gegeben hatte, ohne daß ihr der Gesandte Zeit
zu besserer Ueberlegung gelassen hätte. **)

Nun gieng Clotar mit seinem Bruder, Childeberten, sogleich in das Zimmer seiner Neffen, warf Thibalden, den ältesten zu Boden, und stieß ihm den
Dolch ins Herz. ***)

Bey diesem Anblick fiel Gunthar, der zweete,
seinem Oheim, Childeberten, zu Füßen, umfaßete
seine

*) At illa, exterrita nuncio et nimium felle commota,
praecipue cum gladium cerneret evaginatum ac forci-
pem, amaritudine praeventa, ignorans in ipso dolore,
quid diceret, ait simpliciter: *Satius mihi est, si ad regnum non eriguntur, mortuos eos videre, quam tonsos.*
Idem l. c.

**) At ille (Archadius) parum admirans dolorem ejus, nec
scrutans, quid deinceps plenius pertractaret, venit ce-
leriter, nuncians ac dicens: *Favente Regina opus
coeptum perficite. Ipsa enim vult expleri consilium
vestrum.*
Idem l. c.

***) Nec mora, apprehensum *Chlotharius* puerum senio-
rem brachio elisit in terram, defigensque cultrum in
axillam crudeliter interfecit.
- Idem l. c.

ſeine Knie, benezte ſie mit Thränen, nannte ihn ſeinen
Vater, flehete um Erbarmung und um ſein Leben. *)

Childeberten, ſo barbariſch er auch war, brach
dennoch das Herz; Er bat alſo ſeinen Bruder, Clotar, um Gunthars Leben, und bot ihm dafür, was
er nur verlangen würde. **)

Dieſer Wüterich aber hob ſogleich den Dolch gegen
Childeberten ſelbſt in die Höhe, und brüllte ihn mit
blizenden Augen und folgenden donnernden Worten an:

Du biſts eben, der mich zu dieſer Unthat gebracht hat. Und nun willſt du zurücke treten? Stirb, oder laß mich endigen, was
ich angefangen habe! ***)

Darauf ſties Childebert auch den um Erbarmung fle-
henden jüngern Neffen dem Clotar entgegen, der ihn
dann

---

*) Quo vociferante frater ejus (Guntharus) ad pedes
Childeberti proſternitur, adprehenſiſque ejus genibus,
ajebat cum lachrymis: *Succurre, piiſſime pater, ne et
ego peream, ſicut frater meus.*
   Idem l. c.

**) Tunc *Childebertus* lachrymis reverſa facie ait: *Rogo,
dulciſſime frater, ut ejus mihi vitam largitate tua conce-
das: et, quae juſſeris, pro anima ejus conferam, tan-
tum ne interficiatur.*
   Idem l. c.

***) At ille, fervore actus, ait: *Aut ejice eum à te, aut cer-
te pro eo morieris. Tu, inquit, es inceſtator hujus cau-
ſae, et tam velociter de fide reſilis?*
   Idem l. c.

dann alfobald ergriff und auf gleiche Weife ermordete. *)

(Dies war die Verforgung, die Clotar fei-
nen beyden Neffen und Stiefföhnen angedeihen
lies!!!)

Der Dritte, Clodoald, welchen einige angefehene
Hofbedienten aus Mitleid noch gerettet hatten, wählte,
ftatt des Todes, das Clofter-Leben, und fchnitte fich die
Haare felber ab. **)

Doch dem graufamen Clotar waren diefe beyden
Mordthaten noch immer nicht genug.   In feiner
Wuth ftieß er nun auch die Hofmeifter diefer unglükli-
chen Prinzen und alle ihre Hofbedienten darnieder. ***)

Eine Schandthat, bey deren Erzählung die Natur
fchaudert und die ganze Menfchheit fich empöret.

§. XLIII.

_____

*) Haec ille (Childebertus) audiens, repulfum à fe pue-
rum projicit.   Ipfe vero (Chlotharius) excipiens trans-
fixum cultro in latere, ficut fratrem prius fecerat, ju-
gulavit.
        Idem l. c.

**) Tertium vero *Clodoaldum* comprehendere non potue-
runt, quia per auxilium virorum fortium liberatus eft.
Is, poftpofito regno terreno, ad Dominum tranfiit, et
fibi manu propria capillos incidens, Clericus factus eft,
bonisque operibus infiftens Presbyter ab hoc mundo
migravit.
        Idem l. c.

***) Deinde pueros cum nutritiis peremerunt, Id. Gregor. l. c.

§. XLIII.

Wenn aber und zu welcher Zeit geschahe denn nun dieses alles? Und wie alt waren denn die beyden Prinzen bey ihrer Ermordung?

Fast solte ich Bedenken nehmen, den Herrn von Falkenstein mit der historischen Antwort hier öffentlich zu beschämen. Gleichwohl läßt sich die Wahrheit unmöglich unterdrücken:

Der älteste war kaum Zehen —

Gunthar, der jüngere aber gar nur Sieben Jahr alt, mithin noch ein bloses Kind. *)

§. XLIV.

Und ein solches Kind, das schon in seinem siebenten Jahre ermordet worden — das also Teutschland in seinem Leben nicht gesehen hat — ein solches Kind soll gleichwohl in Thüringen das Schloß Kefernburg erbauet haben!!! — Soll gar der Stammvater der alten Grafen von Kefernburg gewesen seyn!!! — Welche Impostur!!!

§. XLV.

*) Regina vero, compositis *corpusculis* feretro, cum magno psallentio, immensoque luctu, ad Basilicam sancti Petri prosecuta, utrumque pariter tumulavit, quorum unus *decem annorum* erat, alius vero SEPTENNIS.

Idem Gregor. Turon. l. c. c. 18.

§. XLV.

Aber so gehts, wenn ein Geschichtschreiber nur die alten Stammtafeln, nur die leeren Nahmen der auf diesen Stammtafeln verzeichneten Personen ansiehet, und sich sodann die Geschlechts-Fortpflanzungen und alles, was er nur selber will, eigenmächtig hinzu denkt, ohne sich um die Geschichte selbst, um ihre Quellen, um die Thatsachen, um die Schiksale, um das Alter, um die Lebens- und Todes-Umstände solcher Personen im mindesten zu bekümmern.

Gesezt auch, daß Thüringen zu jener Zeit noch keine Geschichtschreiber gehabt hätte; Gesezt, daß dieser Nation sogar das Lesen und Schreiben damahls noch unbekannt gewesen wäre: So gereichet doch dieses alles dem Herrn von Falkenstein zu keiner Entschuldigung. Denn, was war die tragische Handlung, die Clotar mit seinen Neffen und Stiefsöhnen vornahm? war sie denn etwa eine Thüringische — oder war sie nicht vielmehr eine Fränkische Geschichte? Selbst die unschuldigen Prinzen waren keine Thüringer, sondern gebohrne Franken. Hätte nicht also Falkenstein seine Zuflucht vielmehr — und vor allen Dingen — zu den fränkischen Geschichtschreibern, und besonders zu dem gleichzeitigen Gregorio Turonensi nehmen sollen? Aber

was braucht wohl ein Hans Nord, versehn zum
　　Bücherschmieren,
was braucht er, um dich zu verführen?

§. XLVI.

§. XLVI.

Genug zur Widerlegung des Herrn von Falkenſtein. Genug alſo, daß weder Clodomers zweeter
Sohn Gunthar, noch Clotars I. älteſter Sohn,
gleiches Nahmens, Kinder gezeuget haben, folglich auch genug, daß keiner von dieſen beyden
Guntharn der Stammvater der alten Herren
Grafen von Kefernburg geweſen ſey, noch geweſen ſeyn könne.

IV. Ab-

IV. Abschnitt.

Die Herren Grafen von Kefernburg sind teutschen Ursprunges, welcher sich aber im grauen Alterthum verlieret.

§. XLVII.

Doch was haben wir auch nöthig, unserm Durchlauchtigsten Fürstenhause einen Stammvater aus einer fremden Nation anzudichten, da uns die Ehre teutschen Ursprunges, nach welcher die erlauchtesten Häuser aller Europäischen Reiche gleichsam geitzen, weit wichtiger seyn kan, und seyn muß. Schon *Tacitus Annal.* L. 13. c. 54. rühmet von den Teutschen:

Nullos mortalium armis aut fide ante Germanos esse.

Und Campanus, einer der gelehrtesten Bischöfe Italiens, welcher im XV. Jahrhundert den Cardinal, Aeneas Sylvius, als päbstlichen Gesandten, nach Teutschland begleitete, und auf dem damahligen Reichstage zu Regensburg verschiedene Reden an die teutschen Stände hielt, drücket sich in einer dieser Reden, zum Ruhme des teutschen hohen Adels, also aus:

Nobilitas Vestra, carissimi Germani, fere totum terrarum orbem implevit, et eundem, torrentis instar rapidissimi, inundavit, sic, ut nulla gens, nulla regio sit, quae non sibi pro honore reputet

D   ac

ac laetetur, *si nobilitatis suae ortum ad vos Germanos referre debeat.* Si quod *excellens* atque *nobile genus Italia, Gallia* aut *Hispania* habet, *id gloriam originis suae Germanis tribuit majoresque suos inde gestit repetere.* &c.

Was könte wohl herrlicher und rühmlicher seyn, als eben dieser Lobspruch eines teutschen Ursprunges, besonders aus dem Munde eines Mannes, der doch sonst von den Teutschen eben nicht allemahl die vortheilhafteste Meinung hegte?

§. XLVIII.

Vermögen wir nun gleich unser Durchlauchtigstes Fürstenhaus nicht in einer an einander geketteten Reihe bis zu einem solchen Stammvater hinauf zu führen, der sich schon in den ersten Jahrhunderten der christlichen Zeitrechnung denkwürdig gemacht hätte; So ist doch dieses ein Schicksal, welches blos von dem Mangel gleichzeitiger glaubwürdiger Nachrichten und Urkunden herrühret; Ein Schicksal aber, welches nicht Schwarzburg alleine trifft, sondern welches fast alle und jede, auch die ansehnlichsten teutschen Fürstenhäuser, beklagen müssen.

§. XLIX.

Selbst Friedrich der Große, der Einzige, der gelehrteste unter allen Königen unserer Zeiten, wenn er in seinen *Memoires de Brandebourg* den Ursprung seines Stammhauses zu erforschen sich bemühet, und gleich gleichwohl den Zugang in das höhere Alterthum mit Fabeln und Muthmaßungen gleichsam vermauert findet, muß sich am Ende mit dem Geständniße begnügen:

L'origine de la maison de Hohenzollern se perd dans les tenebres de l'antiquité. — —

Des Fables ou des Conjectures fur fon extraction ne doivent pas etre prefentées au public judicieux et eclairé de ce fiecle. — — —

Apres tout les recherches d'un Genealogifte, ou l'occupation des Savans, qui travaillent *fur l'etymologie des mots, font des objets fi minces, que par cela méme ils ne fons pas dignes, d'occuper des têtes penfantes.* &c.

§. L.

Laſſet uns alſo, theureſte Compatrioten, dieſem königlichen Beyspiele folgen. Laſſet uns nicht ferner durch fabelhafte Erdichtungen und kriechende Schmeicheleyen — geſchweige denn durch abgeſchmakte etymologiſche Herleitungen — unſern Nachbarn und andern teutſchen Männern von Einſicht, uns ſelbſt zum Geſpötte machen. Denn mit

Sorben, Schworben, Schworzen, Schwarzen, mit den Schwardonen, mit dem ſchwarzen Wittekind, ſchwarzen Köhler und ſchwarzen Berge ꝛc.

müſſen ſich denkende Köpfe vollends am allerwenigſten beſchäftigen.

müſſen

§. LI.

Laſſet uns vielmehr unſere gnädigſte Landesherr-
ſchaften, beyder Linien, nur mit Wahrheiten ehren,
folglich, in Ermangelung älterer Urkunden und gleichzeitiger Geſchichtſchreiber, ohne welche doch hiſtoriſche
Begebenheiten, Vermählungen, Geſchlechts-Fortpflan-
zungen und andere Thatſachen zu ergrübeln ſchlechter-
dings unmöglich, folglich auch nur vergebliche Mühe und Arbeit iſt, uns vielmehr an dieſer Wahrheit begnügen, daß wir wiſſen:

Der Urſprung des hochfürſtlichen Hauſes
Schwarzburg verliere ſich ebenfalls im
graueſten Alterthume. *)

So wenig ein ſolches Bekänntniß die Ehre des hohen
Hauſes Brandenburg ſchmälert; Eben ſo wenig kan
und wird daſſelbe den Glanz des Schwarzburgiſchen
Fürſten-Huthes verdunkeln.

*) Die nähere Urſach, warum man in den erlauchten Häu-
ſern Teutſchlands, bey Unterſuchung ihrer Ahnen, ſelten
bis an die Zeiten Conradi II. noch ſeltener aber in
die höhern Secula, hinauf ſteigen kan, iſt wohl inſonderheit dieſe: daß in jenen älteren Zeiten die Lehen überhaupt, folglich auch die feuda regalia, (Ambachtiae,
Grafen- oder Ritter-Aemter) noch nicht erblich waren,
ſondern, ihrer damahligen Natur nach, nur ad ritam
fidelis gereichet wurden, mithin noch nicht einmahl auf
die Söhne, geſchweige denn auf alle männliche
Nachkommen, vererbet werden konten. Wovon unten
ein mehreres.

V. Ab-

V. Abschnitt.

Genauere Betrachtung des Kefernburgischen Bildes. *)

§. LII.

Endlich habe ich noch Gelegenheit gehabt, das Kefernburgische Bild, welches in dem hiesigen Archive aufbewahret wird, und von welchem *Iovius* und seine Anhänger so viel Aufhebens machen, selbst in Augenschein
zu nehmen, und bey dieser Gelegenheit einige nähere
Känntnisse davon einzuziehen.   Da ich nun bey dieser
Beaugenscheinigung insonderheit zweyerley wahrgenom-
men habe, woraus ich urtheile, daß solches Bild mehr
wider, als für die Behauptung des Fränkischen Ursprunges sey; So wird mir erlaubet seyn, zu dem oben
im I. II. und III. Abschnitte bereits vollendeten nega-
tiven Beweise auch diese meine ferneren Gegenschlüße
zum Ueberfluße annoch herauszusetzen.

D 3   §. LIII.

*) Dieses Bild ist — vermuthlich unter der Regierung des
hochseeligen Herrn Fürst Anton Günthers — in Ku-
fer gestochen worden.   Ich selbst besitze seit Kurzem ein
Exemplar von diesem Kupferstiche.   Die übrigen Exem-
plare scheinen sich vergriffen zu haben, und die Platte
selbst nicht mehr, wenigstens nicht in bekannten Händen,
zu existiren.

§. LIII.

Die oben im V. und XXXI. §. erwähnte Aufschrift dieses an verschiedenen Orten sehr schadhaften und seit kurzem noch schadhafter gewordenen Bildes:

Genealogia Comitum Kevernbergenſium,
ingleichen
Guntharus, gentilis ſed baptizatus,
ferner
Sigerus und Sigehardus,

ſtehet eigentlich nicht über dem Bilde, noch über den dreyen Männern, ſondern unter dem Bilde und unter dieſen Männern. Sie iſt auch nicht mit Farbe angemahlt, ſondern nur auf angeklebten Papiere mit teutſchen Fraktur-Buchſtaben geſchrieben, und lautet vielmehr alſo:

Genealogia Virorum nobilium Comitum de
Kevernberg.

Unter dem erſten, der zur Rechten ſtehet:

Primus Comes *Gundarus*, gentilis — —*) fidem
converſus et baptiſatus.

In der Mitte, unter dem zweeten:

Comes *Sigerus,* filius praeſcripti *Gundari.*

Und

---

*) Eben hier iſt das Papier ſchadhaft und fehlen vermuth-lich die Worte: — ad chriſtianam —

Und unter dem dritten, der zur linken stehet, und in
der linken Hand einen Tempel, mit zween Thürmen,
hält:

> Comes — **) filius *Sigeri*, cui, ob fortitudi-
> nem fuam in bello, *Imperator* mutavit no-
> , men, eum vocando *Sigehardum*, qui *fun-*
> *dator est Ecclesiae Neuburgensis, ubi et*
> *sepultus.*

§. LIV.

Gesezt nun, diese Unterschriften wären allerseits
ächt und der historischen Wahrheit allenthalben gemäß;
So hat mich doch insonderheit die lezte Unterschrift zu
folgenden weiteren Betrachtungen und Anmerkungen
geleitet:

A.

Wenn dieses Bild beweisen soll, daß der auf demselben gemahlte *Gundarus* ein Sohn Clotars I. —

D 4 und

---

*) Auch hier ist der ursprüngliche Nahme des Sigehards
ausgerissen, welcher, aller Wahrscheinlichkeit nach, *Sizzo*
geheißen hat. Denn die Geschichtschreiber nennen ihn
bald *Sizzo*, bald *Sigehardus.* So gar glauben einige,
Sizzo sey, durch Zusammenziehung, aus *Sigehardus* entstanden. Ja, es kommt *Sigehardus* oder *Sizzo* öfters unter den Nahmen: *Siffo, Zizzo, Zifce, Sicho, Giezo,*
vor.
    Schoettgen Comment. I. *de Sizzone, Comite*
    Kevernburgico. §. 2.

und folglich *Gundari* Enkel, *Sigehardus,* ein Ur-En-
kel Clotars I. gewesen sey; So müste auch der auf diesem Bilde stehende *Gundarus*, — weil Clotars I.
Sohn dieses Nahmens, schon im Jahr 533 eine Armee wider die Ost-Gothen ins Feld geführet hat,
(§. XXVIII. n. 2.) — ungefehr in der ersten Helfte des sechsten Jahrhunderts — sein Enkel
Sigehardus aber entweder zu Ende des sechsten, oder
doch spätestens zu Anfange des siebenten Jahrhunderts gelebt haben.

B.

Wenn nun ferner ein *Imperator* den anfänglichen
Nahmen des Gundarischen Enkels geändert und denselben, wegen seiner im Kriege bewiesenen Tapferkeit, *Sigehardus* genennet hat; So fragt sich weiter:

Wer war denn dieser *Imperator* in der damahligen Zeit?

Ein abendländischer Kayser konte es um deswillen
nicht seyn; weil wir im sechsten, siebenten und achten
Jahrhundert keine abendländische Kayser mehr gehabt
haben; Augustulus im fünften war der sezte.

Nothwendig müste es also einer von den damahligen morgenländischen Kaysern gewesen seyn, und
zwar entweder Justinus II, oder Tiberius II, oder
Mauritius, gegen Ende des sechsten — oder aber
Phokas, oder Heraklius, zu Anfange des siebenten Jahrhunderts.

§. LV.

§. LV.

Allein, was hatten diese orientalischen Kayser für Gemeinschaft mit Teutschland? Welche Geschichte sagt uns, daß diese constantinopolitanischen Kayser das teutsche Reich jemahlen unter ihrer Botmäßigkeit gehabt hätten?

Justinianus, ihr unmittelbarer Vorweser am Reiche, welcher vom Jahr 527 bis 565 regierte, folglich mit Clotar I. und seinem Sohne, Gunthar, zu gleicher Zeit lebte, nennet und schreibet sich zwar, in dem Prooemio Institutionum juris civilis, unter andern auch:

Alemannicum und *Germanicum*;

Aber, wie *Heineccius* in Prooemio *Inflit.* §. 4. not. *. pag. 4. sehr wohl anmerket:

Frustra se Alemannicum et Germanicum appellavit, *quum non deviciffet eas gentes.*

Und noch weniger hat einer von seinen oben genannten fünf Nachfolgern das teutsche Reich jemahlen überwunden.

Also kan durch das Wort: *Imperator* auch keiner von den damahligen morgenländischen Kaysern gemeinet seyn.

§. LVI.

Da nun aber der auf dem Kefernburgischen Bilde abgemahlte Gundarische Enkel den geänderten Nahmen: *Sigehardus* doch gleichwohl von einem *Imperatore* bekommen haben soll; So muß dieser *Imperator* nothwendig einer von denjenigen Kaysern gewesen seyn, welche erst im neunten Seculo mit Carln dem Großen im Occident wieder zu regieren anfiengen.

Folglich können auch die auf dem Bilde stehenden drey Herren Grafen von Kefernburg:

Gundarus, Sigerus und *Sigehardus*

unmöglich vor den Zeiten Carls des Großen und seiner Nachfolger, unmöglich also im sechsten, siebenten oder achten Jahrhundert, gelebt — sondern sie müßen erst nach Carln dem Großen im zehnten oder eilften Seculo das Licht der Welt erblicket haben.

§. LVII.

Und damit stimmen auch die auf dem Bilde selbst mit angegebenen übrigen synchronistischen Umstände vollkommen überein.

Denn, wenn der Gundarische Enkel, *Sigehardus,* die *cathedral* Kirche zu Naumburg gestiftet — oder doch mit gestiftet hat, wenn er in derselben so gar begraben lieget; diese Kirche aber allererst in der

erſten

erſten Helfte des eilften Seculums, (1029.) von
Zeitz nach Naumburg verleget worden:

Büſchings Erdbeſchr. Th. 3. Band 2. S. 205.
(der Ausgabe 1765.)

So kan auch *Sigehardus*, der Stifter oder Mitſtifter
derſelben, nicht vor der erſten Helfte des eilften
Jahrhunderts darinne begraben worden ſeyn;

So kan folglich auch deßen Grosvater, *Gundarus*,
nicht vor dem zehnten Jahrhundert gelebt
haben. Alſo iſt es falſch und unwahr, daß der auf dem
Bilde ſtehende *Gundarus* derjenige *Guntharus* ſey,
der ein Sohn Clotars I. im ſechſten Jahrhundert
war.

§. LVIII.

Was demnach das Keſernburgiſche Bild, nach
Iovii Meinung, beweiſen ſoll, das wird vielmehr, auf
ſolche Weiſe, durch das Bild ſelbſt, beſonders durch das
Wort: *Imperator*, und durch die Naumburgiſche
Kirchenſtiftung, offenbar widerleget und entkräftet.

§. LIX.

Zu bewundern iſt alſo, daß die Verfechter des fränk-
kiſchen Urſprunges einen *Guntharum* aus dem zehnten Jahrhundert ſo willführlich zu einem *Guntharo*,
der doch ſchon in der erſten Helfte des ſechſten Seculums lebte, blos um der Nahmens-Gleichheit
willen,

willen, gleichſam umſchaffen und hierunter einen Ver-
ſtoß wider die Genealogie und Chronologie von weniger nicht als fünftehalb hundert Jahren begehen können. Noch mehr aber iſt es zu bewundern, daß
auch die neueren Geſchichtſchreiber jenen ſo blindlings
nachgebetet haben, und nicht einmahl durch den nur
erwähnten gleichzeitigen zwiefachen Geſchichts-
Umſtand zur Erkänntniß dieſes faſt unverzeihlichen
Irrthums geleitet worden ſind.

VI. Ab-

VI. Abschnitt.

Beantwortung
einiger Zweifel und Einwürfe.

§. LX.

Im XLVII. §. ist beyläufig erwähnet worden:
Man habe nicht nöthig, dem hochfürstlichen Hause
Schwarzburg einen Stammvater aus einer fremden Nation anzudichten; weil uns die Ehre teutschen Ursprunges weit wichtiger seyn könne und
seyn müsse. 2c.

Hiergegen mögte vielleicht eingewendet werden:
Wären doch die Franken auch keine fremde Nation,
sondern teutsche Völker, gewesen.

Wenigstens hatte ich mir diesen Einwurf schon vor Nie-
derschreibung der obigen Worte selbst gemacht; aber
auch sogleich folgendermaaßen selbst widerleget:

Als die alten Könige der Franken im Vten Jahrhundert Gallien überwanden und einnahmen; So geschahe dieses gewiß nicht auf eine solche Art, daß sie die
alten Gallier gar aus dem Reiche hinaus getrieben und
Gallien nur mit ihren Franken alleine besetzet und
bevölkert hätten. Keinesweges, sondern die alten
Gallier blieben nach wie vor in ihren Wohnsitzen. Sie
behiel-

behielten so gar ihre Gesetze, Religion und bürgerliche Freyheit.

Schmidts Gesch. der Teutsch. Th. 1. B. 2. C. 1.
S. 202.

Sie veränderten also nur den Nahmen ihrer Regenten, und blieben solchemnach eine von den Teutschen
noch immer unterschiedene, mithin fremde Nation.

Wenn nun ein Ober-Sachse nach Westphalen zie-
het, und in Ober-Sachsen zwar noch einige Grund-
stücke behält, in Westphalen aber auf seinem neuerwor-
benen, völlig eingerichteten Guthe nicht nur für seine
Person beständig wohnet, sondern seine Kinder und
Nachkommen auch bey diesem Guthe sich erhalten, und
auf demselben

Sechs Generationen hindurch
ihr Feuer und Herd haben, mithin die Westphälischen
Sitten, Gewohnheiten und Rechte nach und nach völlig annehmen; Sind denn nun die nach hundert und
mehrern Jahren allda gezeugten Trinepoten auch noch
gebohrne Ober-Sachsen?

Atqui: Pharamund mit seinen Nachkommen bis
auf die beyden Günther, als seine Trinepoten! 2c.

Wolte jemand sagen:

Pharamund und seine Voreltern wären aber
doch gebohrne Teutsche gewesen;

So könte man eben so leicht auch alle Europäer zu Asia-
ten machen, oder es kan nimmermehr gesagt werden:

daß

daß die beyden Merovingiſchen Günther gebohrne Teutſche geweſen wären.

§. LXI.

Sagittar, Jovius und Gerſtenberger, ſonſt
Boddenbender genannt, erzählen in ihren unten an-
geführten Geſchichtbüchern: *)

Es habe im achten Jahrhundert ein Graf Hugo
von Keſernburg gelebet, welcher vom Pabſte Zacharia, in einem Briefe an *Bonifacium,*

Vir Magnificus

betitelt worden wäre.

Aus dieſer Titulatur macht man nun folgenden Einwurf:

Solte wohl der Pabſt einen bloſen Grafen, der
zu jener Zeit nichts mehr, als ein Richter oder
Amtshauptmann geweſen, *Magnificus* tituliret
haben?

Dürfte nicht vielmehr eben hieraus wahrſcheinlich werden, daß Hugo in den Augen des Pabſtes
mehr

---

*) Caſp. Sagittarius in ſeiner noch ungedruckten Hiſtorie
der Grafen von Keſernburg. §. 3.

Iovius in *Chronico Kevernburgenſi,* beym *Ayrmann* in *Syl-*
loge Anecdotor. S. 181.

Wigand Gerſtenberger, ſonſt Boddenbender genannt,
in ſeiner Thüringiſchen und Heßiſchen Chronik, ebenfalls beym Ayrmann. S. 113.

mehr als **Graf**, Nobilis oder Ritter, — daß er
vielmehr allerdings königlichen Urſprungs geweſen
ſey? denn der Titel: *Magnificus* wurde wohl damahls ſo gar den Königen beygeleget. (Wobey
man ſich auf Du Fresne Gloſſarium berufet.)
Und in dem Munde des Pabſtes erhielt dieſer Titel ein noch größeres Gewichte. Denn in den
damaligen Zeiten war *Magnificus* vermuthlich
eben ſo viel, oder wohl gar noch mehr, als
Sereniſſimus. &c. &c.

Mit dieſem Einwurfe ſcheinet man demnach die von
Jovio und Falkenſteinen vorgeſpiegelte Abſtammung
der alten Kefernburgiſchen Herren Grafen von den
Merovingiſchen Königen annoch zu vertheidigen, ohne
in das Syſtem der obigen Abhandlung ſelbſt
einzugehen, ohne beſonders den darinne vollendeten unwiderſprechlichen Beweiß:

Daß keiner der beyden Merovingiſchen Günther einen Sohn gezeuget habe,
in ſeiner Verbindung anzugreifen, geſchweige
denn zu entkräften.

Allein, erſtlich iſt noch ungewiß, ob jener **Hugo**
ein **Graf** von Kefernburg geweſen ſey.

vid. *Schoettgen* Comment. II. *de Sizzone
Comite Kevernburgico* §. 8. in ejusd.
*Opuſc. minor. Hiſt. Saxon. illuſtran-
tibus* pag. 220 ſeq.

Und

Und noch ungewisser ist, ob dieser Hugo, wenn er auch wirklich ein Graf von Kefernburg gewesen wäre, nach der damahligen Verfassung des Lehns-Wesens, als ein Abkömmling oder Descendent der vorherigen Grafen von Kefernburg betrachtet und ausgegeben werden könne. Denn in dem VIII. Jahrhunderte waren die Ambächte, Grafen- oder Richter-Aemter, noch nicht erblich, vielweniger also in den vorherigen Seculis, sondern wurden höchstens nur auf Lebenszeit verliehen, wovon unten ein mehreres.

- Am allerwenigsten darf ich, bey so bewandten Umständen, noch erst erinnern: Non-entis nulla esse praedicata.

Ueber dies alles aber ruhet auch der ganze Einwurf auf sehr schwachen Gründen. Denn 1) kan ich unmöglich zugeben, daß der Titel: *Magnificus*, im achten *Seculum* den Königen beygeleget worden sey, noch daß solches *du Fresne* behaupte. Ferner glaube ich 2) mit besten Grunde bezweifeln zu können, daß eben dieser Titel in dem Munde das Pabstes Zachariae ein noch größeres Gewichte bekommen habe. 3) Wird nimmermehr zu beweisen seyn, daß der Titel: *Magnificus,* im achten Jahrhundert, eben so viel — geschweige denn gar noch mehr — als *Serenissimus* gewesen wäre. So wie ich auch endlich 4) darinnen bescheidentlich widersprechen müste, daß *Serenissimus* den Kaysern und Königen im achten Jahrhundert noch nicht, sondern erst in nachherigen Zeiten, beygeleget worden wäre.

E   Ja

Ich getraue mir vielmehr von dem allen gerade das Gegentheil zu beweisen.

Denn *Serenissimus* wurde den Kaysern und Königen, schon zweyhundert Jahr vor Zacharia, gegeben, z. B. dem Kayser Justinian

in L. 23. §. 4. C. de Nuptiis. *)

Wohingegen *Magnificus*, ebenfalls schon zweyhundert Jahr vor Zacharia, einem blosen *Quaestori in Exercitu*

in Novella 41. **)

ja so gar dem Tribonian, als blosen *Exquaestori Palatii*, und zwar, welches wohl zu merken, vom K. Justinian selbst

in §. 3. Prooemii Institutionum ***)

beygeleget wurde.

Und in dem Munde des Pabstes, Zacharià, erhielt auch der Titel: *Magnificus*, um deswillen kein größeres Gewichte; weil die Päbste zu jener Zeit noch sehr klein waren, besonders aber in Teutschland noch gar wenig Autorität hatten. Denn in Teutschland, und besonders in Thüringen, herrschte ja zu jener Zeit

noch

---

*) ibi: — etsi non *Serenissimo* Principi (Iustiniano, utpote legis conditori) supplicaverint &c.

**) ibi: Haec constitutio quendam Virum *magnificum*, Bonum nomine, *quaestorem exercitui* fecit.

***) ibi: *Triboniano*, Viro *magnifico*, magistro et *exquaestori* sacri *palatii nostri* &c.

noch immer das Heydenthum, und die päbstliche Hie-
rarchie war in diesen Landen noch nicht gegründet.
Bonifacius, der Teutschen und besonders der Thüringer so genannter Apostel, solte und wolte ja eben die
teutschen heydnischen Völkerschaften damahls erst zum
christlichen Glauben bekehren, und sie dem Pabste allererst unterwürfig machen. Deswegen mußten auch
die Päbste die teutschen Grafen vielmehr flattiren und
ihnen gute Worte, mithin auch in ihren Briefen höhere
Titel geben, damit sie Bonifacium in seinem Bekeh-
rungs-Geschäfte nicht hindern, sondern unterstützen
mögten.

     S. Galletti Thüringische Geschichte B. 1. B. 3.
     §. 11. 12. 13. 14. ff. S. 112 ff. be-
     sonders §. 21. S. 127.

Wolte man aber im Ernste glauben,

     der Pabst würde einen blosen Grafen, der zu
     jener Zeit (im achten Seculum) nichts wei-
     ter, als ein Richter oder Amtshauptmann
     gewesen wäre, wohl schwerlich Magnificus ti-
     tuliret haben;

So ist fürwahr noch weit schwerer zu glauben, daß ein
königlicher Prinz, und noch darzu der Erstgebohrne unter sechs königlichen Prinzen, zwey hundert Jahr
vor Zacharia, sich so tief erniedriget haben werde, daß
er sich von seinen jüngern Brüdern zu einem solchen
Richter oder Amtshauptmanne, — welcher im sechsten
Seculum noch weit weniger, als im achten, zu bedeuten

hatte,

hatte, — hätte bestellen lassen, hingegen diesen seinen
jüngern Brüdern gestattet haben würde, daß sie sich,
— zum Aequivalente — der völligen Regent-
schaft über ganze Königreiche hätten anmaßen
dürfen. Wie denn auch die ganze fränkische Geschichte
hiervon kein Wort saget, sondern dies alles nur ein un-
glücklicher Einfall des seel. Jovii ist.

§. LXII.

In den §§. LVI — LIX. habe ich aus dem Kefernburgischen Bilde dargethan.

daß der auf demselben abgemahlte *Gundarus* unmöglich im sechsten — sondern allererst im
zehnten Jahrhundert gelebt haben könne, folglich
auch kein Sohn Clotars I. gewesen sey.

Und dieses behauptete ich aus dem doppelten Grunde:

1.) Weil sein auf eben diesem Bilde mit abgemahl-
ter Enkel, *Sizzo I,* sich im Kriege so tapfer gehalten, daß einer von den abendländischen
Kaysern dadurch bewogen worden, seinen Nahmen zu verändern und ihn *Sigehardus* zu nennen; diese abendländischen Kayser aber erst im
neunten Jahrhundert wieder aufgetreten sind.

2.) Weil dieser *Sizzo* oder *Sigehardus,* nach dem
gleichmäßigen Zeugniße dieses Bildes, derjenige
ist, welcher die cathedral Kirche zu Naumburg
gestiftet, oder doch mitgestiftet hat, auch in derselben

selben begraben lieget; diese Kirche aber erst zu
Anfange des eilften Jahrhunderts (1029.)
von Zeitz nach Naumburg verleget worden.

Schon der erstere von diesen beyden Beweis-Grün-
den ist unumstößlich, auch deswegen nicht bezweifelt
worden.

Ungeachtet nun dadurch alleine der obige Satz
schon hinlänglich bewiesen ist; So wird jedoch wider
den lezteren Beweis-Grund noch folgendes eingewendet:
Sigebardus habe zwar eine Kirche zu Naumburg gestiftet; dieses sey aber nicht die Kirche zu
Naumburg an der Saale, sondern zu Numburg, ohnweit Kelbra, in der so genannten
güldenen Aue, gewesen. Wobey man sich auf
Müldeners historische Nachrichten, und auf
Leukfelden berufet, ohne jedoch aus diesen beyden Autoren, diejenigen Stellen, die solches beweisen sollen, zu allegiren.

Allein, nach dem Kefernburgischen Bilde hat doch Si-
gebardus, oder *Sizzo I.* nur eben diejenige Kirche
gestiftet, in welcher er begraben lieget. Und aller
Vermuthung nach liegt er nur in derjenigen Kirche be-
graben, in welcher sein Monument stehet. Das
Monument *Sizzonis* oder *Sigehardi* aber stehet zuver-
läßig in der Dohm-Kirche zu Naumburg an der
Saale, und ist noch heutiges Tages allda zu sehen.
Man hat so gar einen Kupferstich davon, der auch in
Thuringia Sacra befindlich ist. Mithin ist unter der

E 3   Eccle-

Ecclesia Neuburgensi, welche Sigehardus oder Sizzo I,
gestiftet hat, nicht die Kirche zu Naumburg, ohnweit
Kelbra, in der güldenen Aue, sondern die Kirche
zu Naumburg an der Saale allerdings zu verstehen.

Eben dieses bezeuget auch Gebhardi in seinen
historisch-genealogischen Abhandlungen Th. IV.
Art. III. §. 22. S. 159, als woselbst er von den ältesten Herren Grafen von Schwarzburg redet,
und also schreibet:

„Unter den Erbauern der Stifts-Kirche zu Naum-
„burg erhebt sich auch ein Graf Sizzo mit seiner Ge-
„mahlin, Quepa. Die Verlegung des bischöflichen
„Sitzes von Zeitz nach Naumburg fällt zwischen
„1002, da Zeitz von den Böhmen geplündert wor-
„den, und 1029, in welchem Jahr die päbstliche
„Bestätigung erfolget. Ich berufe mich deswegen
„auf die von Caspar Sagittario in der Historie
„Eckards II, Markgrafen zu Meißen, Sect.
„XI. beygebrachten Beweise. Sowohl die Bild-
„säulen, welche annoch zu Naumburg aufbe-
„wahret werden, als auch des Bischof, Diet-
„riche, Document, haben das Andenken der er-
„sten Wohlthäter auf die Nachwelt fortgepflanzt rc.
So weit Gebhardi.

Das nehmliche bekräftiget aber auch

Schoettgen Comment. II. *de Sizzone, Comite
Kevernburgico,* §. 11. 12.

XII-

Alwo er zugleich die Ursach hinzu füget, warum Sizzo zur Stiftung der Naumburgischen Cathedral Kirche so viel beygetragen habe: "*quia* scilicet *frater fuisset Episcopi, qui translationem ursit et promovit.*"

Das Gegentheil wird auch weder von Müldenern, noch von Leukfelden, irgendwo behauptet. Wie denn keiner von beyden an *Sizzonem* oder *Sigehardum* auch nur mit einer Syllabe gedenket; vielmehr beweiset Leukfeld S, 62. gerade das Gegentheil, daß nehmlich über die Kirche zu Numburg bey Kelbra (nicht ein Graf von Kefernburg, sondern) ein Graf von Gleichen das Patronat-Recht gehabt, und

daß dieser Graf von Gleichen im Jahr 1253 die verfallene Kirche *S. Petri in Nuenborg, juxta Kelveram, sitam in monte,* mit dem ihm (dem Grafen von Gleichen) darüber zugestandenen *Iure Patronatus,* dem Closter Walkenried *conferiret* habe.

Ist nun aber ein Graf von Gleichen der alleinige Patronus — folglich auch der alleinige Stifter dieser Numburgischen Kirche gewesen; hat er sie daher, zusamt seinen Patronat-Rechte dem Closter Walkenried auch alleine conferiren können; wie könnte denn die nehmliche Kirche von dem Grafen Sizzo von Kefernburg gestiftet oder auch nur mit gestiftet worden seyn?

Und

Und Müldener S. 37=42. fürnehmlich aber S.
45. 46, beweiset ebenfalls nur so viel:

> Daß Godebaldus, welcher das Cistercienser
> Closter zu Frankenhausen gestiftet und sich
> Burggrafen zu Numburg genennet hätte,
> kein Burggraf von der Numburg unweit
> Belbra, (wie Jovius irrig vorgegeben hat)
> sondern vielmehr ein Burggraf in der bi-
> schöflichen Stadt Naumburg (an der Saa-
> le) gewesen sey.

Da es nun also keinem ferneren Widerspruche un-
terworfen ist, daß *Sigehardus*, oder *Sizzo I.* die
Dohmkirche zu Naumburg an der Saale, in welcher er
begraben lieget, und bey welcher sein Bruder damahls
Bischof gewesen, gestiftet hat, diese Dohmkirche aber
in der ersten Helfte des eilften Jahrhunderts (1029)
von Zeitz nach Naumburg allererst verleget worden;
So bleibt auch 1) ganz unwidersprechlich wahr, daß
dieser *Sigehardus*, oder *Sizzo I.* nicht vor der ersten
Helfte des eilften Jahrhunderts gelebt haben könne;
Natürlicher Weise ist daher 2) eben so unwidersprechlich
wahr, daß auch sein Grosvater, *Gundarus*, nicht vor
dem zehnten Jahrhundert gelebet habe.

Dieses vorausgesezt, ist demnach 3) grundfalsch,
daß dieser Gundar schon im achten Jahrhundert von
Bonifacio, wie ebenfalls vorgegeben werden will, getauft

tauft worden sey *) und sein Enkel, *Sigehardus* schon
zu Carls des Großen Zeiten gelebt habe.   Noch un-

E 5

richtiger

*) Man vermeinet zwar dieses auß
   Sagittarii Antiquitt. Ducatus Thuringici p. 196,
      ingl. auß
   Ebendesselben Antiquitt. Christianismi p. 51.
beweisen zu können, Allein Sagittarius — oder vielmehr
Pabst Gregorius in seinem an beyden Stellen eingerük-
ten Briefe — redet nur überhaupt von einem *Gundovoldo*
(Gundowald, worauß aber Sagittarius eigenmächtig
einen Günther macht)
„deßen alter teutscher Nahme in Thüringen wohl be-
„kannt, und der einer von den Thüringischen vor-
„nehmen Herren — oder einer von den Thürin-
„gischen Landherrn — gewesen wäre ꝛc.
nennet ihn also nicht einmahl einen Grafen von
Kefernburg; und es ist doch bekannt genug, daß um
jene Zeit, außer den Grafen von Kefernburg, auch noch
mehrere Thüringische vornehme Herren jenen Nahmen
— er möge nun Gundowald oder Günther heißen —
geführet haben.

Mit desto beßerem Grunde leugne ich also, daß der in
dem Briefe Pabsts Gregorii erwähnte *Gundovoldus,*
(den Sagittarius, wie schon gedacht, so unrichtig in
Günther übersetzet hat) und welcher im achten Seculum
zu den Zeiten Bonifacii lebte, derjenige Gundar gewesen sey, welcher der auf dem Kefernburgischen Bilde stehende Grosvater des *Sizzo* oder *Sigehardus* im zehnten
und eilften Jahrhundert war.

Dies müste vor allen Dingen erst bewiesen werden.
Allein die auß dem Bilde selbst, von dem Worte: *Imperator,*

richtiger aber ist 4) daß jener Gundarus gar ein Sohn des fränkischen Königs, Clotars I., im sechsten Jahrhundert gewesen sey; Im Gegentheile aber 5) wahr, daß dieses Clotars I. ältester Prinz, *Guntharus*, gar keine Kinder, weder männlichen noch weiblichen Geschlechts, gezeuget habe; folglich auch 6) der Stammvater der alten Herren Grafen von Kefernburg unmöglich und eben so wenig gewesen seyn könne, als wenig es 7) der in seinem siebenten Jahr ermordete zweete Prinz des Königs Clodomer gewesen ist.

rator, und von der Naumburgischen Kirchenstiftung rc. hergenommenen beyden Argumente sind bereits viel zu einleuchtend und viel zu stark, als daß sie durch irgend einen Gegenbeweis entkräftet werden könten.

VII. Abſchnitt.

Urſachen, warum man in Berichtigung der alten
teutſchen hohen Geſchlechte ſelten über das
eilfte Sec. hinauf ſteigen könne.

§. LXIII.

So eben kommen mir auch die Geſchlechts-Tafeln
der Schwarzburgiſchen Regenten aus dem Hauſe Kefernburg zu Geſichte, welche der Herr Subcon-
rector und Inſpector Walther zu Rudolſtadt, gegen
das Ende des vorigen Jahres 1785 hat an das Licht
treten laßen.

Hierinne finde ich gleich auf der erſten Tafel S. 3.
daß der Herr Verfaßer die auf dem Kefernburgiſchen
Bilde ſtehenden drey Herren Grafen von Kefernburg:

Gundarn, Sigern und Sigeharden,

Vater, Sohn und Enkel, ebenfalls in das achte *Seculum* hinauf rangiret und den erſten zum Stammvater
aller Herren Grafen von Kefernburg und Schwarzburg,
den lezten aber zum Stifter der Kirche zu der Numburg bey Kelbra, gemacht hat.

Die ächten und ſichern Quellen, aus welchen
Herr ꝛc. Walther, wie er am Ende ſagt, alles, was
er in dieſen Tafeln angegeben hat, folglich auch das
vorgegebene hohe Alterthum der obigen drey Herren

Gra-

Grafen, erweisen und behaupten zu können vorgiebt, sind mir zwar zur Zeit noch unbekannt; Ich habe aber Ursache zu vermuthen, daß es nur die nehmlichen Beweisthümer, seyn werden, die ich schon in den vorhergehenden §§phen widerleget habe.

Ob nun schon gegen diese Widerlegung schwerlich etwas gründliches zu erwidern seyn wird; So widerspricht jedoch dem Herrn ꝛc. Walther, auch noch ausserdem, die ganze Lehnrechts-Geschichte, wie sogleich aus folgenden erhellen wird.

§. LXIV.

Fast alle Lehnrechts-Lehrer stimmen darinne überein, daß der Ursprung des Lehnwesens in das fünfte Jahrhundert zu setzen sey, und daß die Ehre der Erfindung deßelben den Teutschen, besonders den Longobarden, gebühre, als welche sodann dieses Lehns-Geschäfte, im sechsten Jahrhunderte, mit nach Italien gebracht hätten. Wiewohl auch einige dafür halten, die Franken hätten daßelbe im fünften Seculum vorerst mit nach Frankreich genommen, dann aber im achten Jahrhundert, nach Ueberwindung der Longobarden und ihres lezten Königs, *Desiderii*, allererst in der Lombardey eingeführet.

§. LXV.

Dem sey indeßen, wie ihm wolle; So darf man doch nicht wähnen, als ob das Lehnswesen, gleich bey sei-

feiner Entſtehung, auf Einmahl in derjenigen Vollkom-
menheit erſchaffen worden ſey, in welcher wir daſſelbe
jetzo haben. Inſonderheit muß man ſich nicht einbilden,
als ob beymUrſprunge des Lehens auch ſogleich die Erbfolge in daſſelbe ſchon reguliret geweſen wäre. Nein,
keinesweges, ſondern es vergiengen erſt viele Jahrhunderte, ehe und bevor es zu der Lehns-Gewohnheit kam,
daß in dem Lehen alle und jede männliche Leibes-Erben des erſten Erwerbers ſuccediren konten.

§. LXVI.

Dieſes wird hoffentlich aus folgender Scala derjenigen Veränderungen, welche bey dieſem Lehnsweſen, ſtu-
fenweiſe nach und nach, vorgiengen, am deutlichſten zu
erkennen ſeyn. Denn

I.) **Anfangs** (antiquiſſimo tempore, I. Feud. I. §. I.
welches ungefehr um die Zeiten Clodwigs I.
ſeyn mogte) war die Natur des Lehens ſo be-
ſchaffen, daß es in dem Willkühr des Lehnherrn
ſtunde, das Lehn dem Lehnmanne wieder zu nehmen, wann und ſo bald es ihm nur gefiel.
(Quando vellet)

I. Feud, I. §. I.

II.) Nachhero kam es dahin, daß der Vaſall das
Lehn doch wenigſtens ein ganzes Jahr behal-
ten durfte. (ad annum)

ibid.

III.)

III.) Dann wurde er auf seine Lebens-Zeit damit beliehen. (ad vitam Fidelis, sive Vasalli)
ibid.

IV.) Darauf gediehe das Lehn auch an einen seiner Söhne, doch nur an denjenigen, welchen der Lehnherr sich zu seinem Lehnmanne unter denselben ausersahe. (in quem Dominus hoc vellet beneficium confirmare)
ibid.

V.) Weiter an alle und jede Söhne zugleich. (ad omnes filios aequaliter)
ibid.

VI.) Durch die Verordnung Conradi II. aber wurde die Lehnsfolge, nach dem Tode des Sohnes, auch auf die Enkel, und, in deren Ermangelung, auf den Bruder erstrecket. (Petitum est á fidelibus, ut Conradus, lege ab eo promulgata, hoc etiam ad nepotes ex filio producere dignaretur, et ut frater fratri, sine legitimo haerede defuncto — succedat.
I. Feud. I. §. 2.

VII.) Dann kam das Lehn auch an die Geschwister-Kinder. (ad fratres patrueles)
I. Feud. I. §. 4.

VIII.) Ferner an die männlichen Nachkommen bis in das siebente Glied. (ad septimum usque geniculum)
ibid.

IX.)

IX.) Endlich an alle und jede männliche Nachkommen oder Leibes-Lehns-Erben des ersten Erwerbers. (quod in masculis descendentibus,
novo Iure, usque ad infinitum extenditur.)
ibid.

Alle diese Neun Epochen oder Perioden muste also
das Lehns-Geschäfte erst durchwandern, ehe und bevor
das Lehn seine heutige Gestalt und Rechte gewonnen
hat.

§. LXVII.

Wie nun in jenen alten Zeiten die unbeweglichen
Güther, (per modum investiturae feudalis) verliehen wurden; Eben so und auf gleiche Weise wurden
auch die Kriegs-Staats- und Justiz-Bedienun-
gen (Ducatus, Comitatus, Grafen- oder Richterdm-
ter) als feuda Ambachtiae, oder Ambächte, verliehen.

§. LXVIII.

Wann aber und zu welcher Zeit eine jede der fünf
ersten Epochen sich angefangen oder geendiget habe,
das ist zur Zeit noch unbekannt, wird auch wohl nie-
mahls genau bestimmt werden können.

Indeßen ist doch aus den Lehnsbüchern, welche der
Justinianischen Sammlung der Römischen Gesetze an-
gefügt sind, so viel gewiß, daß die sechste Periode, wie
schon erwähnet, unter der Regierung Conradi II, folglich im eilften Seculo, sich angefangen habe.

So

So wie auch ziemlich wahrscheinlich wird, daß eine jede der vorhergehenden fünf Perioden, wenn man sie alle fünfe auf die Zeit vom fünften bis in das zehente Seculum anpaßet, und eine in die andere rechnet, ungefehr ein Jahrhundert gedauret habe.

§. LXIX.

Dieses vorausgesezt, fällt

die V. Epoche in das X. Seculum,

die IV. in das IX. — und

die III. (ad vitam fidelis) in das VIII. Jahrhundert.

Ja sogar noch unter den Carolingern, im neunten Jahrhundert, würden sowohl die größeren als die kleineren Lehen den Vasallen noch immer nur auf ihre Lebenszeit verliehen, und erst gegen das Ende dieser Carolingischen Regierung — also mit dem Eintritte des zehnten Seculums — fieng man an, den Söhnen wohlverdienter Lehnmänner das Lehen zu laßen.

Hellfeld Elementa jur. feud. c. 2. §. 24. ibi:

> Quamvis beneficia tam *majora,* quam minora, *tempore Carolingorum non essent haereditaria,* sed *solum ad dies vitae,* usufructuario jure, concederentur; raro tamen et non sine causa *sub fine Carolingici imperii* liberis parentum, *de patria bene meritorum,* beneficia sunt ademta.

We

Wenigſtens war alſo die Erbfolge der Söhne noch in dem neunten Jahrhundert nicht allgemein. Denn nicht nur in Frankreich waren des Herzogs, Robert, hinterlaßene Söhne von dem väterlichen Herzogthume ausgeſchloßen;

Rhegino ad ann. 876.

ſondern wir haben auch in Teutſchland das merkwürdige Beyſpiel, da den Söhnen der beyden Oeſterreichiſchen Grafen, Wilhelm und Engelſchalk, die väterlichen Graffſchaften ebenfalls nicht gelaßen wurden.

Annales Fuldenſes ad ann. 884. apud *Freher.* T. I. p. 56.

Deſto gewißer und deſto unwiderſprechlicher bleibt es alſo wahr, daß in dem achten Jahrhundert die Ambacht-Lehen den Reichs-Vaſallen noch immer nur auf ihre Lebenszeit verliehen, folglich auf die Söhne noch keinesweges vererbet worden.

§. LXX.

Wenn demnach in dieſem achten Jahrhundert ein Graf von Kefernburg in der Geſchichte vorkomt; So folgt noch nicht, daß dieſer nehmliche Graf der Sohn ſeines Vorweſers in dem Kefernburgiſchen Comitate geweſen ſey. Es folgt auch nicht, daß er der Vater ſeines Nachfolgers ſey.

F   §. LXXI.

§. LXXI.

Schon um deswillen findet also Herr Inspektor
Walther keinen Glauben, wenn er in seiner erſten Ta-
fel die auf dem Kefernburgiſchen Bilde ſtehenden drey
Herren Grafen von Kefernburg,

Vater, Sohn und Enkel,

ſo willführlich, und ohne dem mindeſten Beweiſe, in
das achte Seculum hinauf ſetzet. Denn in dieſem
achten Jahrhunderte ſuccedirte noch weder Sohn,
noch Enkel; ſondern den Enkeln wurde die Lehnsfolge,
ſchon gedachter maßen, erſt 300 Jahre hernach, nehmlich von Conrad II, im XI. Jahrhundert, zugeſtanden.

§. LXXII.

Eben dadurch wird nun dasjenige, was ich ſowohl
im V. als VI. Abſchnitte, beſonders im §. LXII. bereits aus andern Gründen behauptet habe,

daß nehmlich der auf dem Kefernburgiſchen
Bilde ſtehende Gundariſche Enkel, *Sigehardus*,
nicht vor der erſten Helfte des eilften
Jahrhunderts — folglich auch ſein Grosvater,
Gundar, nicht vor dem zehnten Seculum
gelebt haben könne,

nun deſto einleuchtender, mithin noch immer mehr bekräftiget und beſtätiget, hingegen das unerweisliche
Vorgeben des Herrn Walthers deſto ſtandhafter
widerleget.

§. LXXIII.

§. LXXIII.

Am allerwenigsten läßet sich also vor den Zeiten Conrads II. von einer völligen Erblichkeit der Lehngüther oder Ambächte sprechen, die doch Herr Walther nicht nur auf seiner zwoten Tafel schon unter Kayser Otten III, mithin zu Ende des zehnten Jahrhunderts, zu behaupten vermeinet, sondern auch auf seiner ersten Tafel noch weiter hinauf zu treiben und gar schon vom achten Jahrhunderte her zu vertheidigen scheinet.

§. LXXIV.

Offenbar aber widerspricht er sich hierunter selbst. Denn wenn, nach seiner zwoten Tafel, Eccard III. seine Thüringischen Güther allererst vom Kayser Otten III. im Jahr 1000, aus besonderer Kayserlichen Gnade, erblich bekommen haben soll; So räumet er ja eben dadurch ganz deutlich ein:

daß diese Güther vor dem Jahr 1000 noch nicht erblich gewesen.

Nun aber beliebe mir doch Herr Inspector Walther zu eröfnen:

Aus welchem Rechte denn diese nehmlichen Thüringischen Güther, und darunter insonderheit die Grafschaft Kefernburg (nach seiner ersten Tafel) gleichwohl schon in den vorherigen

rigen drey Jahrhundärten, von dem an=
geblichen Stammvater, Gundar, im ach=
ten *Seculo,* auf deßen Sohn und Enkel,
und hernach von diesem weiter auf alle deß=
selben vorgespiegelte ferntre Leibes=Erben,
bis auf den obigen Eccard III. als Gundars
vorgeblichen *Trinepotis filium,* vererbet wor=
den seyn sollen? Wenn dies kein Widerspruch ist; So weis ich mir für=
wahr keinen Widerspruch zu denken.

§. LXXV.

Dem Herrn Walther, als einem Schulmanne und
Nicht=Juristen, wird man inzwischen alle diese Irrthü=
mer gerne verzeihen; weil er sie aus Unkunde der Lehns=
geschichte und des ehemaligen Lehnswesens begangen
hat.

§. LXXVI.

Wer die höhern Ahnen des hochfürstlichen Hauses
Schwarzburg, sonderlich über das eilfte Seculum hin=
aus, erforschen will, der wird sie, bey obigen aus
der Lehns = Geschichte vorwaltenden Umständen
und Veränderungen, in den beyden Grafschaften,
Kefernburg und Schwarzburg, entweder gar nicht,
oder doch wenigstens nicht alleine, finden.   Er
wird

wird sie vielmehr auch in den andern Distrikten oder
Gauen, in welche Teutschland damahls eingetheilet war,
aufsuchen, und darzu die Archive, sonderlich aber die
Briefgewölbe der Stifter und Clöster, zu benutzen su-
chen müßen. Außerdem dürfte eine befriedigende Auf-
klärung des Ursprungs schwerlich zu erwarten seyn, sondern das tiefe Alter dieses hochfürstlichen Hauses alle
dergleichen Untersuchungen so gut als ganz vereiteln.

So schwer ist es demnach, die Genealogie der teutschen hohen Häuser, in einer geketteten Reihe, bis zu
einem ächten Stammvater nur an die Zeiten Conrads II. zu berichtigen, geschweige denn noch einige
hundert Jahre über dieselben hinauf zu steigen, wie doch
Herr Walther sich unterfangen hat.

VIII. Abschnitt.

Wie weit die aufsteigende Linie der alten Herren Grafen von Kefernburg und jetzigen Herren Fürsten von Schwarzburg zur Zeit auszuspähen sey?

§. LXXVII.

Hatte je ein Geschichtforscher Geschiklichkeit und gutes Glück, die alten Geschlechts-Register des teutschen hohen Adels zu berichtigen; So war es gewiß der seelige Schöttgen. Und dennoch wolte es ihm in seinen beyden Commentationen, die er von dem Kefernburgischen Grafen, *Sizzo II*, schrieb, mit der Ausspähung der Sizzoischen Vorfahren nicht so, wie bey andern Geschlechts-Untersuchungen, gelingen.

Denn, ungeachtet dieser *Sizzo II.* erst im zwölften Seculo, mithin hundert Jahre nach Conrad II, folglich auch hundert Jahr nach dem auf dem Kefernburgischen Bilde mit abgemahlten Naumburgischen Kirchenstifter, *Sigehardo* oder *Sizzone I.* lebte; So vermogte doch Schöttgen von den männlichen Voreltern *Sizzonis II* keinen mehr, als nur den Vater, *Guntherum, Nobi-*
lem

lem de Thuringia, mit völliger Zuverläßigkeit heraus
zu bringen.

Comment. I. §. 3. 4.

§. LXXVIII.

In dem 18. §. seiner zwoten Commentation setzet
er zwar diesem Günther noch jenen *Sizzo I*, als
Grosvater *Sizzonis II*, und *Aribonem*, als Proavum,
hinzu; aber, wie er am Ende selbst gestehet, aus einer blosen Conjectur. Er ist vielmehr so bescheiden,
daß er schon in dem 4. §. Commentat. I. das of-
fenherzige Bekänntniß ableget:

> Plenam Majorum Sizzonis noſtri feriem in-
> vidit nobis vetuſtas, quippe cum tempora,
> quibus ille vixit, *multis adhuc tenebris in-
> voluta* ſint;

oder, wie er §. 18. Commentat. II. sagt:

> quia res illorum temporum *valde funt ob-
> fcurae.*

Und ist dies nicht eben das gesagt, was auch des Königs von Preußen Majestät, oberwähnter Maaßen,
von seinem Stammhause bekennet:

> L'origine de la maiſon de Hohenzollern
> ſe perd *dans les tenebres de l' antiquité?*

F 4　　§. LXXIX.

§. LXXIX.

Selbst aber in jener Conjectur widerspricht sich
Schöttgen doppelt: Einmahl, daß er den *Aribo*,
den er vorhin (§. 9. Commentat. II. aus einer teutschen Erzählung des Closters Mildenfurt,) als Bruder
des Zifce oder *Sizzonis I.* angegeben hatte, nunmehro
(§. 18. ejusdem Commentat. II.) zum Vater desſel-
ben macht; Und zweytens: daß er diesem *Sizzo I.*
oder, wie er auf dem Kefernburgischen Bilde heißt, dieſem *Sigehardo*, den er vorhero (§. 9. Commentat. II.
aus der nehmlichen Mildenfurtischen Erzählung) ohne
männliche Erben sterben lies, nun Günthern,
den Vater *Sizzonis II,* zum Sohne giebt.

§. LXXX.

Was soll man nun glauben? Ist die Mildenfurtische
Erzählung richtig, und *Zifce* oder *Szzo I.* (der Naum-
burgische Kirchenstifter) ohne männliche Erben verstor-
ben; So ist von den auf den Kefernburgischen Bilde
stehenden drey Herren Grafen von Kefernburg weder
Sigehardus, noch sein Vater, *Siger*, unter die Anherren der jetzigen Herren Fürsten zu Schwarzburg zu
zählen, am allerwenigsten also der Grosvater, *Gundarus*, für den Stammvater derselben anzunehmen.

Hat aber Schöttgen in seiner Conjectur recht;
So bekomt dadurch *Szzio II.* (Stifter des Closters
Ge-

Georgenthal) außer dem Vater, Günthern, auch
noch den Sigehard oder Sizzo I. (den Naumburgi-
ſchen Kirchenſtifter) zum Grosvater, dann den *Aribo,*
oder vielmehr den auf dem Kefernburgiſchen Bilde
ſtehenden *Siger*, zum Proavo, mithin auch *Gunda-*
rum zum Abavo, und Stammvater, folglich kan in
ſolchem Falle die aufſteigende Linie der Herren Grafen von Kefernburg noch hundert Jahre weiter hinauf nehmlich bis zum Ende des zehnten Jahrhunderts,
verlängert werden.

Beſchluß.

§. LXXXI.

Bis dahin aber und bis wir von allen dieſen oder
auch vielleicht noch höheren Anherren der Kefernburgiſchen Herrn Grafen zu einer völligen hiſtoriſchen Gewißheit gelangen können, wollen und müßen wir uns an
demjenigen ehrenvollen Zeugniße genügen laßen, welches uns der große Polyhiſtor und genaue Hiſtoricus,
Caſpar Sagittarius in ſeiner noch ungedrukten
Hiſtorie der Grafen von Kefernburg §. 3.
mit folgenden Worten giebt:

Ihr Alterthum erſtrecket ſich ſehr hoch;
Sie haben bey allen Potentaten ihrer Zeit in
großem Anſehen geſtanden. Aus ihrem Geſchlechte ſind die tapferſten Helden entſprun-

gen,

gen, die durch ihre preiswürdige Thaten ihren Nachruhm unſterblich in der Welt gemacht haben.

§. LXXXII.

Danken wollen wir inmittelſt dem Herrn aller
Herren, daß er das hochfürſtliche Haus Schwarzburg, dieſes uralte herrliche Geſchlechte, —

Sind Worte Kayſer Leopolds in dem großen
Diplom von 1691. *) —

Dieſen ſo vorzüglich erhabenen teutſchen Fürſten-
Stamm, welcher ſelbſt dem Römiſchen Reiche teut-
ſcher Nation einen fürtrefflichen Kayſer gegeben,
nunmehro ſo viele Jahrhunderte hindurch ſo gnädiglich
beſchützet und erhalten hat.

Bitten aber wollen wir auch den Allmächtigen, daß
ſeine Gnadenhand das geſamte Fürſten - Haus
Schwarzburg mit dem: *Neſcit occaſum* des Nord-
ſterns unauslöſchlich bezeichnen und daßelbe in ſeinem
Flor und Wachsthum bis an das Ende der Tage
unvergänglich erhalten wolle.

*) S. Heydenr. Schwarzb. Hiſt. S. 188.

Anhang.

Das Privilegium de non appellando des hochfürstl. Hauses Schwarzburg betreffend.

Das hochfürstl. Haus Schwarzburg-Sondershausen ist von Weyl. Kayser Leopoldo, in dem Fürsten-Diplome vom Jahr 1697 — so wie das hochfürstl. Haus Schwarzburg-Rudolstadt von Josepho I. in dem Diplome von 1710 — unter andern hohen Gerechtsamen, auch mit dem Privilegio de non appellando bis auf eine Summe von Ein Tausend Rheinl. Gülden allergnädigst privilegiret. Und dieses kan für eine kayserliche Begnadigung gar wohl angesehen werden.

Daß aber das hochfürstl. Haus Schwarzburg-Sondershausen in dem vorherigen so genannten Comitio Diplome vom Jahr 1691, wie solches Heydenreich in seiner Historie des Hauses Schwarzburg S. 187. ff. hat mit eindrucken laßen, nur auf eine Summe von

fünf hundert Rheinl. Gülden privilegiret worden; das läßt sich mit dem Begriffe einer kayserlichen Begnadigung, oder Privilegii, in keine Wege vereinbaren, sondern das ist ein Irrthum und offenbarer Verstoß wider das teutsche Staats-Recht.

Denn das hochfürstl. Gesamte Haus Schwarzburg hatte ja, so wie alle und jede Reichsstände, — selbst die Reichsstädte nicht ausgenommen — schon lange vor dem Jahr 1691 ein jus de non appellando pinguius auf eine Summe von Sechs hundert Rheinl.

Rheinl. Gülden, und diese Gerechtsame hatte hocher-
meldetes Haus, und alle übrige Stände des Reichs,
schon von Rechtswegen, ohne hierzu einer kayserl.
Begnadigung zu bedürfen. Kein Stand des Reichs
würde sich auch im Jahr 1691 haben einfallen lassen,
ein solches Privilegium de non appellando auf eine
Summe von fünf hundert Rheinl. Gülden von Kayserl. Majestät zu begehren, geschweige denn daßelbe für
eine Kayserliche Begnadigung zu erkennen und anzunehmen.

Denn obschon anfänglich in der Cammergerichts-
Ordnung von 1521. Tit. 24. §. I. nur funfzig
Rheinl. Gülden zur appellablen Summe bestimmet wa-
ren, und ob es gleich in der nachherigen verbeßerten
Cammer-Gerichts-Ordnung vom Jahr 1555
P. 2. Tit. 28. §. 4. bey diesem Quanto annoch ver-
bliebe; so ist jedoch daßelbe in den nachherigen Reichs-
gesetzen nach und nach bis zu einer Summe von
S e c h s h u n d e r t Rheinl. Gülden, selbst vom
Kayser und Reich, erhöhet worden.

Bereits in dem Reichs-Abschiede vom Jahr
1570 wurden die obigen funfzig Rheinl. Gülden tri-
pliret und ein hundert funfzig Rheinl. Gülden zur
Summa appellabili feste gesetzet, aus der hinzugefügten
zwiefachen Ursache; weil, wegen des unnöthigen Ap-
pellirens,

a) die rechtlichen Sachen am Cammergericht sich
häuften, und

b) vielmahl mehr Kosten auf die Sachen, als sie
werth wären, getrieben würden rc.

In dem Reichs-Deputations-Receß 1600 §. 14.
stiegen diese 150 rfl. auf das Duplum, nehmlich auf
drey hundert Rheinl. Gülden.

Und

Und da man sahe, daß auch dadurch dem Appellations-Frevel noch immer nicht genugsam gesteuret worden wäre; So wurden diese 300 Rheinl. Gülden in dem neuesten Reichs-Abschiede 1654. §. 112. nochmahlen verdoppelt und sechs hundert Rheinl. Gülden zur Summa appellabili verordnet.

Dies war nun Summa ordinis, oder dasjenige Quantum, welches das Reichsgesetz selbsten bestimmet. Und von 1654 an haben alle Stände des Reichs sich dieses gesezmäßigen Iuris de non appellando bis auf die Summe der 600 Rheinl. Gülden, ohne alle Kayserl. Begnadigung, unwidersprechlich zu erfreuen gehabt.

Wie hat denn nun, sieben und dreyßig Jahr hernach, (1691) dem hochfürstl. Hause Schwarzburg-Sondershausen noch erst ein *Privilegium* de non appellando nur auf 500 Rheinl. Gülden, und zwar aus besonderen Kayserl. Gnaden — denn so lautet das Diplom von 1691 — ertheilet werden mögen!!!

Wäre die Summe der fünf hundert Rheinl. Gülden in dem Original-Diplome nur mit Zahlen oder Ziefern geschrieben; So ließe sich allenfalls ein verzeihlicher Schreibfehler vermuthen, welcher etwa dadurch entstanden wäre, daß in dem Concepte die Summe von 800 Rsl. gestanden, der Copist aber hernach die 8 etwa für eine 5 angesehen hätte.

Da aber in dem Original-Diplome von 1691 die Summe der 500 Rheinl. Gülden nicht mit Zahlen, sondern, eingezogener Erkundigung nach, mit Buchstaben und deutlichen Worten, so wie beym Heydenreich), ausgedrücket ist; So bleibt zu denken nichts übrig, als daß es ein Fehler sey, der einig und allein auf die Reichs-Canzley, oder auf den Concipienten des Diploms, zurück fällt, und welcher, aller Vermuthung nach, dadurch

begau

begangen worden, daß der Concipirent diesen Articul des Diploms aus dem Privilegio de non appellando eines andern Reichs = Standes herausgeschrieben hat, welches aber noch vor dem Reichsabschiede von 1654 ertheilet und ausgefertiget gewesen.

Druckfehler:

S. 21. Z. 13. statt Frankischen lies Fränkischen.

S. 52. Z. 23. statt Ritter-Aemter l. Richter-Aemter.

S. 65. Z. 20. statt das l. des.

S. 80. Z. 11. statt würden l. wurden.